# Ils n'auront pas mon silence

Marzieh Hamidi
Avec Baptiste Bérard-Proust

# Ils n'auront pas mon silence

Robert Laffont

ISBN : 978-2-221-28239-7
Dépôt légal : septembre 2025
Éditions Robert Laffont – 92, avenue de France, 75013 Paris
contact@robert-laffont.com

# Ma vie d'avant

Je suis née et j'ai grandi en Iran, mais je suis d'origine perse d'Afghanistan. Et dans ce système raciste que la République islamique a installé en Iran, quand tu es afghane, tout est compliqué.

L'un de mes souvenirs les plus heureux, c'est un séjour que j'ai passé dans le sud de l'Iran, sur l'île d'Ormuz. J'y étais partie quelques jours en vacances, et finalement j'y suis restée trois mois. Cette petite île, aussi magnifique que paisible, m'a marquée à jamais. Les habitants étaient incroyablement chaleureux, accueillants, bienveillants. Même quand je disais que mes parents étaient nés en Afghanistan, personne ne me regardait de travers. Pas de racisme, pas de jugement. Rien que de la gentillesse. Ils m'ouvraient leur maison, ils cuisinaient pour moi, on allait à la plage… C'était comme vivre dans une bulle. Une île magique, hors du monde, hors du temps. Et si un jour je peux retourner en Iran, c'est là que j'irai.

Mes parents ont fui l'Afghanistan à cause des talibans. Ils rêvaient de paix et de dignité. Ma mère voulait vivre dans un pays persanophone, dans une culture qui lui était familière. Mais leurs débuts en Iran ont été très durs. Mon père, ancien militaire, a dû repartir de zéro. Il a trouvé un emploi dans une entreprise, mais quelques années plus tard, il a eu un grave accident de vélo. Mon frère, à peine adolescent, a été contraint de prendre la relève. Il allait à l'école le jour et travaillait la nuit. C'était difficile pour tout le monde, mais mes parents ont tout fait pour s'assurer qu'on ne manque de rien.

Ma mère, surtout, s'est battue pour notre éducation. C'était vital pour elle. Elle n'avait jamais eu la chance d'aller à l'école, elle en avait souffert toute sa vie. Elle rêvait que ses filles soient indépendantes, qu'on ait un avenir, qu'on réalise nos ambitions.

L'école, en Iran, ce n'était pas toujours facile pour une enfant afghane. Jusqu'à mes huit ans, je n'ai pas eu de titre de séjour. J'ai commencé ma scolarité dans une école privée afghane puis, après avoir obtenu mes papiers, j'ai voulu intégrer l'école nationale. J'avais déjà fait la première et la deuxième année, mais ils ont refusé de reconnaître mes acquis. Ils m'ont forcée à recommencer du début. Je me souviens encore de ma tristesse, de mes larmes dans la voiture, avec ma mère qui me disait : « Ils n'aiment pas les Afghans. » C'était un choc. Une injustice de plus.

Mais on gardait espoir. Toujours. L'année de mes douze ans, ma mère a décidé qu'on ne pouvait pas continuer comme ça. Elle craignait que je ne sois condamnée à la même vie qu'elle. Elle souhaitait que je puisse faire des études, que j'aille à l'université, que je me construise un futur digne de ce nom, et elle savait que ce ne serait pas possible en Iran.

Un jour, elle m'a annoncé : « Je veux partir en Europe. Pour votre avenir. » Elle voulait qu'on aille en Allemagne. Mon père a refusé. Il a dit : « Moi, je ne viens pas. Je dois rester là pour travailler. Je vous rejoindrai après. » Ma mère, elle, n'a pas reculé. Elle est comme moi : courageuse, déterminée. Elle m'a expliqué qu'elle faisait ça pour nous. Mon père nous a laissés partir, la boule au ventre, les larmes aux yeux. Ma grande sœur est restée aussi ; elle était mariée. Alors ma mère, mon grand frère, ma sœur Ziba, la plus jeune de mes sœurs et moi, on a préparé nos bagages. On était cinq. Notre destination finale, c'était l'Allemagne.

On a trouvé quelqu'un pour nous emmener jusqu'à la frontière. Je ne tenais plus en place. On allait enfin s'en aller, quitter l'Iran. Mais on ne savait pas ce qui nous attendait. Quand on a dit au revoir à mon père et à ma sœur, on a tous pleuré. Ce n'était pas un départ comme les autres. Ce n'était pas qu'un simple voyage.

C'est drôle : ceux qui partent vers la frontière s'habillent comme pour aller escalader une montagne. Avec ma sœur, on portait des vêtements chics, comme si on allait prendre l'avion pour des vacances.

La première étape, ça a été une ville proche de la frontière turque. La voiture qui nous transportait était très vieille. On stressait. La police arrêtait parfois les véhicules pour les fouiller. Mais on avait l'air « normaux ». Pas trop afghans, insistait ma mère.

Ça nous a peut-être sauvés. On a passé une nuit dans le refuge d'un passeur. Le lendemain, on est partis pour la montagne : c'est là qu'a commencé la traversée à pied. Elle a eu lieu de nuit, pour ne pas qu'on se fasse repérer. J'avais deux sacs à dos. J'y avais mis mes cahiers d'école ; je tenais à les garder. J'étais forte, motivée. Ma mère me disait que je marchais comme une grimpeuse professionnelle. Je ne sentais pas la fatigue. J'avais un but. Je voulais avancer, construire ma vie.

Soudain, ma mère s'est mise à gémir qu'elle ne pouvait plus continuer. Elle avait mal au genou. Le passeur a craché : « Tu marches ou tu deviens la nourriture des bêtes sauvages. » Je l'ai suppliée : « On doit avancer, maman. » On l'a portée à tour de rôle, une nuit entière. À un moment, on s'est arrêtés pour dormir un peu. Une heure, pas plus. En plein milieu de la montagne. Je me souviens du ciel. Magnifique. Plein d'étoiles. Il faisait froid, on n'avait rien pour se couvrir. J'étais exténuée. Mais ce ciel, je ne l'oublierai jamais.

Le matin, on nous a donné du pain et du fromage. Immangeable. On était peut-être une centaine. Tous afghans. Tous à fuir l'Iran et l'affreuse police du régime. On a repris notre marche durant toute une journée. La nuit suivante, on est arrivés près de la frontière. Ils nous ont dit : « Encore deux ou trois heures. » On a commencé à marcher plus vite. Puis, d'un seul coup, tout le monde s'est mis à courir. Je croyais qu'on arrivait… mais non.

Ils hurlaient : « La police est là ! »

J'ai vu les uniformes, les armes. On a reçu l'ordre de s'allonger par terre. J'ai entendu un policier crier : « Sales Afghans ! » Ils nous ont tous couchés. J'ai vu ma sœur se faire frapper aux jambes. Je pleurais. Ils croyaient que c'était un garçon. Quand ils ont compris que c'était une fille, ils ont arrêté mais ils l'ont insultée en la traitant de « salope d'Afghane », de « sous-race ».

Puis ils nous ont fait nous relever. « Au camion. Vous allez au poste. » Là-bas, ils nous ont triés : les familles d'un côté, les hommes seuls de l'autre. Ils nous traitaient comme des moins que rien. Ils ordonnaient aux garçons de se lever, de se rasseoir, puis de se relever pour ensuite les attaquer. Je les ai vus frapper un jeune Afghan d'une gifle si puissante que j'ai eu l'impression qu'elle m'atteignait moi aussi. Ensuite, ils l'ont roué de coups. Je n'avais jamais assisté à un tel déchaînement de violence…

À seulement douze ans, j'ai découvert la folie du régime des Gardiens de la révolution, des tyrans, des tortionnaires. Ce sont les mêmes, haineux et violents, que les talibans. Ces gens insultent, frappent, terrifient et parfois même tuent la population pour asseoir leur domination…

Après ça, on nous a transférés d'un centre à un autre. De plus en plus horrible. On a subi des coups, des insultes, des humiliations. Puis ils ont téléphoné à mon père. Il a essayé de négocier, de leur offrir de l'argent pour qu'on soit relâchés. En vain. Ils ont dit qu'on avait « franchi la ligne », qu'on devait être expulsés. Direction Mashhad, à la frontière avec l'Afghanistan. Après être restés une nuit dans un camp, on nous a autorisés à prendre une douche. Mes cheveux étaient comme de la paille. Ensuite, ils nous ont remis sur la route, vers Hérat.

C'était la première fois que je mettais les pieds en Afghanistan. Pour moi, ce pays n'existait qu'à travers les infos : la guerre, les attentats, les explosions, la peur. Désormais, c'était ma nouvelle vie.

On a passé une nuit à Hérat. Une cité magnifique, pleine d'histoire, de culture. Mais la nuit, c'était l'enfer. On entendait des tirs en continu. À l'hôtel, j'avais l'impression que chaque homme que je croisais allait me violer ; tous me dévisageaient avec de la haine plein les yeux. Je n'en ai pas dormi tant j'étais terrifiée. Le lendemain, on a repris la route pour rejoindre ma tante qui habitait dans la capitale. Kaboul, c'était mieux. J'ai même commencé à m'attacher à cette ville. Elle me manque, parfois. Mais là-bas, on me jetait des regards de travers, car je ne m'habillais pas comme les filles du coin. En Iran, j'avais plus de liberté. À Kaboul, c'était déjà plus compliqué. Il a fallu que je m'adapte.

C'était ça, ma première vraie rencontre avec l'Afghanistan.

Comme une claque, brutale, mais bien réelle.

# L'arrivée des talibans

J'ai d'abord lu la nouvelle sur Facebook.

Je refusais d'y croire. On voyait les villes voisines tomber les unes après les autres, mais j'étais convaincue que Kaboul tiendrait. La ville qu'Ahmed Chah Massoud, le grand résistant originaire de Panchir et ennemi des talibans, avait protégée jusqu'à sa mort, ne pouvait pas tomber. Lui qui avait tant lutté pour la protéger des talibans, justement…

Et j'ai vu une bannière rouge : « Les talibans sont à Kaboul. » J'ai cligné des yeux, passé le fil d'actualité au crible : fausses nouvelles, photos recyclées… Peut-être une infox de plus, me suis-je dit. Quelques semaines seulement après que les Américains ont annoncé retirer leurs troupes d'Afghanistan, ça me paraissait impossible, impensable.

Vers 21 heures ou 22 heures, j'ai reçu un message d'une amie : « Marzieh, il y a énormément de coups de feu dehors. » Elle habitait près de Pul-e-Charkhi, à Kaboul. Je lui ai répondu : « C'est normal, à Kaboul on entend toujours des coups de feu. »

Mais elle a insisté : « Non, là, c'est différent. Ce ne sont pas les bruits habituels. C'est lourd, c'est intense. J'ai l'impression que les talibans arrivent. »

Je lui ai écrit : « Ce n'est pas possible. Les talibans ne peuvent pas entrer dans la ville comme ça, ce n'est pas aussi simple. »

Elle m'a répondu : « Tu verras. Tout est en train de s'effondrer. »

Vers minuit, mon frère est rentré à la maison. Il nous a dit : « Les talibans sont dans la ville. Ils se sont installés. Changez de vêtements. Mettez un hijab correct. » Je refusais encore de le croire. J'ai écrit à mon petit ami pour lui demander : « C'est vrai ? Les talibans sont vraiment là ? » Il m'a répondu : « Je ne sais pas. »

Pas oui, pas non. Juste : « Je ne sais pas. »

On est restés éveillés jusqu'à 3 heures du matin, incapables de dormir. Il y avait cette atmosphère étrange, pesante. Je n'avais pas envie de croire mon frère, mais au fond de moi… je savais. Que quelque chose se passait. Quelque chose d'irréversible.

J'ai fini par m'endormir et je me suis levée vers 9 heures ou 9 h 30. J'ai regardé par la fenêtre : tout semblait normal. Le centre d'enregistrement des cartes d'identité était encore ouvert, les habitants allaient et venaient. Les rues étaient pleines. En apparence, c'était une matinée banale.

Et puis, tout a changé.

Arash, mon petit ami, qui travaillait avec le gouvernement, m'a appelée : « Les talibans sont là. »

Le centre d'enregistrement des cartes a fermé d'un seul coup.

Et là, j'ai compris que les talibans étaient vraiment là.

La BBC l'a confirmé dans l'heure. J'ai rappelé Arash ; sa respiration saccadée répondait à la mienne. Nous pleurions tous les deux, sans savoir qui consolait l'autre. « Ils vendent le pays », répétait-il. La liaison grésillait, le réseau commençait à saturer. Arash marchait depuis deux heures pour rejoindre sa famille et fuir les talibans ; je l'entendais haleter sous le poids de son gilet pare-balles. S'ils l'arrêtaient, ils le décapiteraient sans procès – les talibans ne font preuve d'aucune pitié envers ceux qui ont été associés au gouvernement déchu.

Je me suis changée. Foulard serré, vêtements afghans sobres et sombres : uniforme de survie. Par la fenêtre, j'ai vu deux jeunes femmes courir, têtes basses, et un agent ôter sa veste de police pour la remplacer par une tunique brune. Tout le monde effaçait son identité dans l'espoir de passer pour des gens « sans histoire ». Ma mère m'a ordonné de quitter le balcon ; observer ainsi la rue, c'était prendre le risque d'être pris pour un espion. On a fermé les volets et on a tout barricadé. Je passais du rire nerveux aux larmes, incapable de trouver du courage dans ce chaos.

Le téléphone n'arrêtait plus de sonner. Mon frère, coincé à son bureau, rapportait que le centre-ville était déjà perdu. Nous sommes restés cloîtrés, branchés aux réseaux sociaux comme à un moniteur cardiaque pour savoir qui tombait, qui mourait, qui fuyait. J'ai réactivé mon Instagram public – celui que j'avais fermé un mois plus tôt sur les conseils de Arash : « Les talibans traquent les "filles libres". » Ma décision était prise : je refusais de disparaître. J'ai posté des stories. « Voici Kaboul sous silence. » Mes amis d'Iran, d'Europe, d'Amérique m'ont suppliée de partir ; certains promettaient de m'attendre à la frontière. Je leur ai répondu que je ne voulais ni de l'Iran ni du Pakistan. À ce stade, j'avais encore l'espoir que les talibans partent, que la population se mobilise, résiste. Et surtout, qu'on nous soutienne. Mais personne n'a soutenu l'Afghanistan, on nous a abandonnés aux mains des terroristes.

Les nuits suivantes, je n'ai quasiment pas dormi. Crises de panique ; mon cœur s'arrêtait net à chaque claquement de porte. Ma mère s'asseyait à côté de moi, persuadée que j'allais mourir d'angoisse avant même qu'ils ne franchissent la porte. Je ne mangeais plus. Je rafraîchissais les fils d'actualité comme on palpe une plaie pour vérifier qu'elle fait toujours mal.

Deux jours après la chute du pays, les talibans sont entrés chez la famille de Arash. Ils ont hurlé son nom. Il s'est caché sur le toit, a sauté de terrasse en terrasse malgré les éclats d'obus rouillés. Ils auraient pu l'abattre pour sa beauté seule – on connaît leur pratique du *bacha bazi*, cette coutume qui veut qu'ils capturent des garçons pour divertir leurs commandants. Arash a survécu, mais je savais qu'il n'aurait pas de deuxième chance.

Je voulais sortir, crier, me battre, mais ma fenêtre m'offrait la vision d'un futur impossible : moi, voilée de noir, un bébé sous le bras, prisonnière d'une vie que d'autres auraient choisie pour moi. Mon voisin, que je croyais neutre, transportait déjà des talibans dans sa berline. Certains retournaient leur veste, tandis que d'autres faisaient tomber les masques ; chaque citoyen pouvait être un espion au service des nouveaux maîtres.

Alors, tout de suite, j'ai parlé aux journalistes, caméra de l'iPhone allumée, verrou enclenché. BBC persan, chaînes iraniennes, documentaires clandestins. Ma mère frappait à la porte, terrorisée : « Ils verront ta vidéo, ils viendront nous tuer. » Je répondais que le silence nous tuerait plus sûrement encore. Les interviews passaient en boucle et, chaque fois, ma famille se crispait davantage : « C'est à cause d'elle qu'ils viendront. »

Les jours suivants, nous avons essayé de rejoindre l'aéroport. Des barrières de pick-up séparaient les Marines, l'armée britannique, quelques Français, de l'onde grise des talibans armés de fouets. Tous les jours, c'était la même histoire : des milliers de citoyens s'amassaient autour de l'aéroport pour tenter de fuir, tandis que les talibans tiraient dans la foule, sans faire aucune distinction. Un enfant a été abattu devant nos yeux ; son sang s'est mêlé à la poussière. Son père le tenait dans ses bras en sanglotant. C'est une scène que je n'oublierai jamais. Mon frère a pris le volant en hurlant : « Maintenant, on rentre ! »

On voyait des hommes et des femmes courir dans tous les sens. Certains s'accrochaient aux avions déjà pleins à craquer et mouraient devant les caméras en allant s'écraser sur le tarmac. Le pays n'avait aucun avenir entre les mains des terroristes et les gens le savaient. Ils le savent toujours, d'ailleurs…

Le mois de septembre est arrivé. J'ai commencé à me faire une raison. Il ne restait aucune bonne option, seulement la certitude qu'il me fallait continuer à parler.

Je n'avais plus grand-chose à perdre et j'avais besoin de tout balancer, de tout dénoncer.

## Pourquoi le taekwondo ?

Je n'avais pas encore quinze ans quand mon refuge depuis l'enfance, le théâtre, s'est fissuré du jour au lendemain. Dans la petite salle municipale où nous répétions Tchekhov, le professeur – un homme aux tempes grisonnantes et à la voix de clairon – avait pris l'habitude de transformer chaque exercice en séance de dressage. Il traitait nos hésitations comme des offenses : une réplique oubliée, et l'élève restait plantée sous la lumière crue tandis qu'il hurlait, menaçant de la faire recommencer « jusqu'à l'aube s'il le fallait ». Ce soir-là, je n'étais pas la cible de ses critiques, mais j'ai senti mon corps se contracter, prêt à bondir. Quelque chose me murmurait que si je restais, j'allais finir par exploser, ou par me briser.

C'est à ce moment-là que Hanieh, une camarade de classe au rire cristallin, a inscrit le nom d'un club de taekwondo dans mon cahier. « Viens juste voir, Marzieh, tu n'as rien à perdre. » J'ai haussé les épaules ; j'ignorais tout de cet art martial, sinon qu'il existait.

Elle a insisté : « Tu es souple, et tu te bats déjà avec les yeux. » Le lendemain, je l'ai accompagnée, plus par curiosité que par conviction.

Le dojang était dissimulé derrière un rideau de plastique bleu, au fond d'une impasse poussiéreuse de Téhéran-Sud. À l'intérieur, du parquet usé jusqu'à la fibre, une odeur entêtante de bois ciré et une quiétude que je n'avais jamais connue : on n'entendait que le crissement des pieds nus sur le tatami, le souffle cadencé des élèves et, parfois, la note sèche d'un *kihap*. Fatemeh-sensei, ancienne athlète internationale aux genoux couturés de cicatrices, m'a saluée sans un mot. Puis elle m'a dit : « Écarte les jambes, pousse les hanches vers le sol. » Ses yeux noirs ont pétillé ; ma souplesse lui plaisait. Elle m'a placée au bout de la rangée, près des débutantes, et la séance a commencé.

Après deux minutes, ma crispation s'est envolée. Au bout de dix minutes, je riais silencieusement de surprise ; mon corps répondait sans mal aux ordres que je lui donnais. À la fin, j'étais trempée mais légère, comme si chaque coup de pied assené renvoyait ma colère dans le plancher. Sur le chemin du retour, j'ai compris que je venais de découvrir un endroit où personne ne dominait par le cri ; la règle était claire : respect avant tout.

Cette clarté m'était d'autant plus précieuse que la maison était désormais plongée dans les ténèbres. Nous venions de passer un an à Kaboul ; j'y avais affronté le vacarme d'une ville qui ne dort qu'à moitié, puis j'avais fini par m'y attacher – juste avant que ma famille ne décide de rentrer en Iran. De retour dans le quartier qui m'avait vue naître, je me sentais déplacée. Je rouspétais pour un rien, je cherchais le conflit avec mes sœurs. Ma mère me répétait sans cesse : « Tu deviens un loup, ma fille. » Lui expliquer qu'un gouffre s'était ouvert aurait exigé des mots qui n'existaient pas.

Alors, je me suis immergée dans l'entraînement. Trois soirs par semaine d'abord, puis cinq, puis six. Je quittais l'école avant même de desserrer ma natte ; je dévorais en chemin un pain plat brûlant, puis je pénétrais dans la salle où, déjà, résonnait le claquement des cordes à sauter sur le tatami. Fatemeh enseignait sans humiliation : elle corrigeait d'un geste de la main, récompensait d'un hochement de tête. Jamais elle ne haussait la voix, sauf pour lancer le chronomètre ou annoncer : « Encore dix répétitions, et nous verrons qui abandonne. »

Au bout de deux mois, elle m'a autorisée à enfiler un plastron. La première fois que mes talons ont heurté le cuir matelassé, toute la rage que je portais en moi s'est condensée en une vibration électrique. Je n'avais ni recul ni théorie ; je savais seulement que cette énergie était salvatrice. À la maison, je m'endormais épuisée, les jambes courbaturées, mais l'esprit apaisé.

L'année suivante, Fatemeh a parlé de compétition. Mon cœur s'est emballé. J'étais encore la « nouvelle » ; pourtant, elle affirmait que je tenais déjà tête aux plus avancées. Elle a inscrit mon nom sur la feuille de la ligue régionale, catégorie moins de 53 kg. Je me souviens du trajet en bus, du néon blafard lors de la pesée, de la sensation étrange de poser mes pieds nus sur un tatami inconnu. Je tremblais, mais je tenais debout. En finale, j'ai affronté une liane d'au moins dix centimètres de plus que moi ; elle m'a battue 12-8, mais je n'ai jamais lâché. Quand Fatemeh a accroché la médaille d'argent à mon cou, elle a chuchoté : « Ce n'est pas pour te rassasier, c'est pour t'affamer davantage. »

Je croyais avoir trouvé un équilibre. J'ignorais que la violence pouvait surgir d'ailleurs, sous un masque familier.

C'est arrivé un après-midi de printemps. Je devais récupérer un livre chez Niloufar, une voisine et amie de la famille. J'ai frappé à la porte ; c'est son mari qui m'a ouvert. « Entre, elle ne va pas tarder. » Le salon sentait le thé à la cardamome. Il s'est assis trop près, a fait glisser une mèche de mes cheveux derrière mon oreille, a murmuré : « Tu es si belle… si séduisante pour ton âge. » Mon estomac s'est retourné. Je me suis levée, j'ai reculé, il s'est avancé. Son odeur de tabac m'a sauté au visage. Lorsqu'il a serré mes épaules entre ses mains, le monde s'est étréci en un point noir. J'ai essayé de crier ; aucun son n'est sorti.

Je me souviens d'avoir repéré, derrière lui, le plan de travail de la cuisine. J'y ai couru comme on se propulse vers la surface pour reprendre sa respiration, et j'ai saisi un couteau – une lame fine au manche en plastique. Mes doigts tremblaient. « Laisse-moi partir ou je hurle », ai-je réussi à articuler. Il a blêmi, levé les mains. La porte s'est ouverte sur la rue que je voyais à peine tant ma vision était trouble ; et j'ai filé, les jambes en coton.

Le chemin jusqu'à la maison est resté flou dans ma mémoire ; je ne me souviens que de mes ongles plantés dans mes paumes. Deux jours durant, je n'ai pas prononcé un mot. Puis j'ai craqué devant mon petit ami de l'époque. Sa réaction ne s'est pas fait attendre : il est allé confronter l'homme, l'a giflé, traîné au commissariat. Une manchette de vengeance que j'ai regardée de loin, incapable d'y prendre part.

Au poste, j'ai découvert une autre forme de violence : le doute institutionnel. Le policier a demandé pourquoi j'étais « entrée seule chez un homme ». Il a examiné mon châle, a noté qu'il ne couvrait pas entièrement ma gorge. On m'a conseillé de « tourner la page » pour éviter le scandale. Ma famille, paralysée par l'idée du qu'en-dira-t-on, a fini par signer une conciliation. Mon agresseur a passé deux semaines derrière les barreaux puis a retrouvé sa rue, son thé, son rictus.

La nuit suivante, j'ai rêvé que je courais pieds nus sur le tatami, poursuivie par des griffes invisibles. Au réveil, j'ai enfilé mon dobok avant même de me laver le visage. Ce jour-là, la salle était glacée ; pourtant, je suais dès l'échauffement. Chaque coup de pied frappé dans le vide semblait absorber le dégoût et le transformer en feu. Fatemeh ne m'a posé aucune question ; elle a simplement allongé les séries, et j'ai suivi jusqu'à l'épuisement total.

Les tournois se sont enchaînés : or provincial, podium inter-provinces, sélection nationale junior. À chaque victoire, je pensais moins aux applaudissements qu'au jour où ma voix était restée bloquée dans ma gorge. Je m'étais promis de ne plus jamais me retrouver sans arme ; le taekwondo était cette arme, maniée non pour blesser mais pour empêcher qu'on me blesse encore. Il est devenu ma cuirasse, mon talisman, la preuve que mon corps m'appartenait encore.

Je pensais naïvement que la plainte – ou ce qu'il en restait – fermerait la parenthèse. En réalité, ça l'a rouverte comme une plaie mal suturée. Sitôt mon agresseur relâché, la rumeur a pris le relais : un murmure d'abord, puis un brouhaha qui tournait dans chaque ruelle du quartier. On m'avait vue « entrer seule chez un homme marié », on embellissait, on sous-entendait, on ajoutait des épices de honte. Les commères brandissaient le mot *abroo* – honneur – comme un couperet. Les questions, elles, ne cessaient pas : « Pourquoi es-tu entrée ? », « Pourquoi ne t'es-tu pas débattue plus fort ? » Personne ne me demandait : « Pourquoi t'a-t-il enfermée ? » Les rôles demeuraient figés : la faute revenait toujours à la femme, comme l'eau coule toujours vers le point le plus bas.

À la maison, l'atmosphère s'est tendue. Ma mère, d'abord pétrifiée d'inquiétude, s'est mise à redouter chaque coup porté à notre réputation. Mon père, absent de longues journées pour son travail, rentrait en se faisant de plus en plus taciturne, la mâchoire crispée ; il me disait qu'il me croyait, mais je voyais dans ses yeux le poids du regard des autres. Quant à mes sœurs et moi, nous avions perdu notre insouciance : chaque sortie se négociait, chaque pas devenait suspect.

Je passais alors plus de temps que jamais au dojang. Quand la ville s'échauffait sous un ciel d'étain, j'arrivais bien avant l'heure, seule devant le miroir piqué de taches d'humidité. J'enchaînais les *ap-cha-busigi*, les directs au plastron, jusqu'à sentir dans le bassin ce déclic intérieur qui annonce que l'on maîtrise une technique. Puis venaient les combats libres : je choisissais toujours les adversaires les plus rudes, les gabarits au-dessus du mien. À chaque reprise, j'imaginais la silhouette de l'homme qui m'avait coincée ce jour-là ; je frappais pour repousser sa bouche de mon cou, je pivotais pour lui soustraire l'image de ma peau. Mes coéquipières me surnommaient « Mard-kosht », celle qui « tue les mecs ». Le sobriquet me faisait rire jaune, mais il me gardait en vie.

Fatemeh-sensei n'était pas dupe. Un soir, alors que j'étais la dernière à ranger les paos, elle a posé sa main sur mon avant-bras : « Tu transformes ta rage en vitesse, c'est bien. Mais la rage brûle aussi le moteur ; ménage le cœur qui la pilote. » Je n'ai pas su quoi répondre. Comment lui dire qu'en dehors de ce feu, il ne me restait qu'un brouillard poisseux ? Je préférais encore me consumer.

Ce manège s'est poursuivi presque une année. Puis mon corps a commencé à m'envoyer des rappels : fatigue compacte, genou droit qui gonflait, insomnies plus longues, migraines qui explosaient sous le casque. Je masquais les inflammations sous des bandes, j'ingurgitais du café avant les échauffements. Jusqu'au jour où, en pleine finale d'un open interprovincial, ma jambe s'est ankylosée net : je voyais la cible, mais impossible de déclencher. La défaite a été sèche, incontestable. Après avoir salué mon adversaire, je me suis réfugiée aux vestiaires, où j'ai sangloté sans bruit sous la douche froide. Pas parce que j'avais perdu le match ; mais à cause de la sensation qu'on venait de m'arracher ma seule armure.

Cette semaine-là, j'ai failli tout laisser tomber. Le soir même, en étendant mon dobok sur le dossier d'une chaise, je me suis surpris à chuchoter : « Pour qui, pour quoi te bats-tu encore ? »

La réponse n'est pas venue tout de suite. Il a fallu plusieurs jours de vide, puis un matin, alors que je marchais vers la salle à petites foulées, j'ai reçu un message de Fatemeh : « Le combat le plus dur n'est pas sur le tapis. Rappelle-toi pourquoi tu as poussé la porte de ce dojang la première fois. Pas pour prouver quelque chose au quartier, mais pour récupérer ton souffle. Reviens quand tu voudras respirer. »

J'y suis retournée ce soir-là, sans plastron, juste pour regarder les plus jeunes répéter les fondamentaux. Une fillette de dix ans, ceinture jaune à pois verts, frappait timidement dans le vide ; à chaque fois que son pied retombait, elle jetait un œil vers son père assis sur le banc, comme pour s'assurer qu'elle avait le droit. J'ai reconnu en elle ce mélange familier de crainte et d'espoir. Alors j'ai ramassé un pado, je lui ai montré le geste lentement, j'ai corrigé le positionnement de sa hanche, je l'ai encouragée à utiliser sa voix. Son cri a fendu l'air, pur, triomphant. J'ai senti, dans ma propre cage thoracique, une vibration ancienne : le sport pouvait encore être un lieu de transmission, pas seulement de revanche.

Mon agresseur a fini par être reconnu coupable ; il a été condamné à six mois de prison. Pourtant, il n'en a effectué que deux. Et je n'oublierai jamais la violence de l'audience ; le juge a désigné la tenue que je portais ce jour-là comme non-islamique, et il m'a répété que j'étais responsable de mon agression. Parfois, ma colère face à cette injustice me brûle à nouveau, mais j'ai appris à la rediriger.

Depuis, j'avance autrement. Je m'entraîne toujours, mais je respire entre les séries, j'enseigne quand l'occasion se présente, je raconte aux plus petites qu'être forte ne signifie pas écraser mais tenir debout. L'injustice subie n'a pas disparu ; elle continue de me traverser par vagues. Pourtant, chaque fois que je rentre dans un dojang, que je noue ma ceinture, je sais exactement pourquoi j'ai choisi ce sport : parce qu'il m'a appris, coup après coup, que mon corps n'est pas un territoire ouvert à tous les drapeaux.

Et si un jour, je remonte sur une scène de théâtre, peut-être pour raconter cette histoire, j'entrerai en costume de taekwondiste. Pour rappeler, sous les projecteurs, que la première justice que j'ai trouvée vient d'un salut pieds nus, dos droit, poings couverts mais cœur découvert.

# Fuir les talibans

Ava Djamshidi. Ce nom est apparu dans mes messages privés comme un éclat de lumière en plein brouillard : « Bonjour Marzieh, je suis journaliste pour *ELLE* France, tout juste débarquée à Kaboul. Pourriez-vous m'expliquer ce que signifie, pour une sportive, l'arrivée des talibans ? Si vous préférez l'anonymat, dites-le, je le respecterai. »

Je ne connaissais le magazine *ELLE* que par des couvertures aperçues sur Internet, version américaine surtout. J'ai tapé « ELLE France » dans le moteur de recherche : un mensuel glamour, mais pas seulement, très lu et très suivi, visiblement. Derrière l'écran, j'ai haussé les épaules ; c'était une tribune intéressante. Alors, j'ai répondu : « Oui, je suis toujours à Kaboul. Non, je ne cacherai pas mon nom. La situation est dangereuse, mais je parlerai. »

Deux jours plus tard, Ava et son photographe me donnaient rendez-vous dans le hall feutré d'un hôtel sécurisé, dans le quartier Wazir Akbar Khan.

Je m'y suis rendue en foulard noir et veste longue, uniforme de camouflage pour talibans nerveux. Ava, tailleur crème et cahier Moleskine, tremblait plus que moi ; elle a murmuré : « Surtout, ne parlez pas trop fort. » J'ai souri : « Moi, me taire ? Je n'ai pas survécu pour chuchoter. »

L'entretien a duré une heure. Je lui ai raconté les entraînements sabordés depuis cinq mois, les tatamis remisés, les filles confinées, la nuit qui tombait sur nos ambitions. Le photographe voulait un portrait urbain. « Kaboul en arrière-plan. » Nous sommes sortis, avons hélé un taxi. Mauvais plan : le chauffeur, pachtoun rigoriste, a flairé l'affaire. Faux sourire, puis rançon déguisée : cent euros pour quelques minutes. « Sinon, je raconte aux talibans que tu parles avec des étrangers. » J'ai payé, mâchoires serrées : la peur se monnaye cher, ici.

Deux jours plus tard, la rage m'étouffait encore. Ma sœur m'a glissé qu'un groupe de filles préparait une manifestation éclair contre le voile obligatoire. Rendez-vous au coin de notre immeuble, devant l'ancien poste de police désormais occupé par une patrouille talibane. J'ai noué mon hijab, ajouté un masque chirurgical pour cacher mon visage, et je suis descendue sans prévenir ma mère.

Nous étions quinze à peine, mais la rue entière vibrait de tension. Un vidéaste afghan qui filmait les talibans venait d'être arrêté ; les soldats proposaient de le libérer si nous rentrions chez nous. Certaines ont hésité, culpabilisées. J'ai soufflé : « C'est le prix de la liberté. On marche. »

Nous avons parcouru cent mètres à peine avant que ne surgisse un pick-up noir conduit par de vieux talibans à la barbe teinte. Ils étaient je ne sais combien à l'arrière du véhicule, avec cet horrible drapeau noir. Ils ont jailli en hurlant en pachto : « Rentrez chez vous, sales putains ! », « Vous êtes des putes ! », « Des grosses putes ! ».

Les insultes pleuvaient et nous martelaient, preuve s'il en est que ces monstres détestent les femmes. Qu'avons-nous fait pour mériter une telle haine ? Nos corps impurs qui pourtant leur ont donné naissance… Ils brandissaient des matraques, des bâtons et des fouets. J'ai filmé la scène, malgré le tressaillement qui me traversait ; la vidéo existe toujours, même si je ne peux pas la regarder sans avoir la nausée et le souffle complètement coupé. Les talibans nous ont foncé dessus, sur la foule qui a reculé. Certaines filles se sont jetées à terre, d'autres se sont enfuies. Puis le premier coup s'est abattu sur une femme restée debout, seule face à eux. J'ai hurlé, j'ai bien cru qu'elle allait mourir sous mes yeux. Nous avons fui, je n'ai jamais couru aussi vite – mais pas assez vite pour ne pas entendre les rires nerveux des hommes massés sur les trottoirs.

Une fois calfeutrée à la maison, je tremblais encore d'adrénaline. C'est seulement deux heures plus tard que j'ai osé avouer à ma mère où j'étais allée. Elle a sangloté : « Ils nous tueront tous. » Je lui ai répondu que nous étions déjà en sursis. Puis j'ai envoyé la vidéo à mes contacts, invitant d'autres femmes à témoigner.

Après ça, j'ai continué de sortir, davantage pour sauver ma santé mentale que pour défier le régime. Un steak house que j'aimais était devenu une cantine talibane : partout des barbes emmêlées, des fusils appuyés contre les banquettes. Avec une amie journaliste, nous nous sommes tout de même attablées dans l'espace réservé aux familles. Les regards nous traversaient comme des lames, mais personne ne nous a rien dit. La présence silencieuse de nos geôliers suffisait à glacer le thé.

J'ai aussi rencontré des reporters étrangers. L'un d'eux, un Italien aux yeux clairs, a promis de me trouver un visa. Un autre, traducteur pachtoune, m'a fait passer la porte d'un centre de presse improvisé. Chacun y allait de son conseil, de sa piste. Aucune sortie n'était sûre, cependant : la frontière iranienne était synonyme de prison, la route du Pakistan, saturée de passeurs véreux. Rester signifiait se battre jour après jour, mais partir seule signifiait trahir ma famille.

Au début du mois de septembre, j'ai reçu un message d'Ava : « As-tu un passeport ? Nous pouvons peut-être t'aider. Envoie-moi une copie. »

J'ai scanné la page, appuyé sur « envoyer », puis, épuisée, je me suis effondrée sur la chaise en plastique. Le fichier est parti avec l'électricité de l'espoir – mince, fragile, mais tenace. Une porte venait peut-être de s'ouvrir, quelque part loin de cette ville étranglée.

Cette possibilité me faisait à la fois peur et tellement de bien. J'ignorais que l'attente durerait deux mois de plus, que les nuits s'épaissiraient encore et que je finirais par glisser mon passeport dans la doublure de ma tunique avant de filer dans l'aube. Pour l'heure, je gardais la tête hors de l'eau en racontant tout : aux caméras, à mes carnets, aux gens qui voulaient savoir. Parler était ma seule arme ; chaque phrase, une bouffée d'air alors que je suffoquais.

## La fuite

J'avais imaginé fêter mon anniversaire à Dubaï : ciel démesuré, hôtel de verre, dîner sur la Marina avec Arash revenu spécialement d'Amérique. Nous avions déjà passé en revue les restaurants et choisi la terrasse où souffler mes vingt bougies. Puis les talibans ont refermé le piège sur Kaboul et tout – la plage artificielle, la robe que j'avais repérée, l'idée même de danser – s'est effondré comme un château de cartes.

Les jours précédents, je n'étais plus que colère et fatigue. Arash et moi nous disputions à distance, la ligne était saturée de peur, d'impuissance. Je lui reprochais de ne pas être là ; il se reprochait de ne pas pouvoir revenir. À la maison, j'errais de pièce en pièce, tel un fantôme : « Pas d'anniversaire, pas de bonheur, pas d'amour, pas de vie », psalmodiait mon cerveau, la mort dans l'âme.

Ma mère a remarqué la manière dont mes épaules se courbaient davantage chaque matin. Alors, avec mon frère, elle a traversé une Kaboul secouée d'explosions pour me rapporter un énorme gâteau rond, nappé de chantilly. Quand ils sont rentrés, à la lueur vacillante des bougies, j'ai d'abord voulu refuser d'en manger. Puis j'ai croisé le regard de ma mère – elle d'ordinaire si forte, les yeux rougis parce qu'elle me croyait déjà à moitié morte – et j'ai coupé une part. J'ai souri pour elle, mastiqué une bouchée sans en sentir le goût ; ma joie factice ne trompait personne, mais elle donnait la preuve à ma mère que je respirais encore.

Entre le 15 août et mon départ, le 1er novembre, nous avons changé quatre fois de cachette. Chaque déménagement ressemblait à une fuite clandestine : un coup de fil de mon frère – « Ne rentre surtout pas, ils rôdent dans l'immeuble » –, des sacs bourrés à la hâte par ma cousine, une voiture qui démarre phares éteints, ou, parfois, une course effrénée dans la rue. La première planque était chez une tante, la deuxième chez un ami lointain, la troisième dans un appartement vide dont nous n'avons gardé la clef que quelques nuits. À chaque volte-face, j'abandonnais derrière moi un morceau de mon ancienne vie : livres, photos, vêtements de marque. J'ai tout donné, tout laissé, sauf mes médailles et quelques affaires précieuses à mes yeux…

Le plus fou – et en même temps c'est tellement caractéristique de ma personnalité –, c'est qu'au milieu de cet effondrement, j'ai continué à témoigner. J'ai continué à lutter, à raconter mon histoire et celle de mon pays. Al Jazeera English voulait une interview vidéo. Le rendez-vous a donc été fixé à l'hôtel Serena. Sécurité talibane armée jusqu'aux dents à la porte, moi ensevelie sous un hijab intégral prêté pour l'occasion. Je ne sais pas si on se rend compte de la violence que c'est de devoir se couvrir de la tête aux pieds, de ne pas avoir le choix, d'être réduite à l'état de chose, soumise au bon vouloir de terroristes. Quand j'y repense, j'éprouve tellement de haine pour ces monstres et pour leurs alliés. J'ai parcouru l'hôtel couverte de ce hijab insupportable, tête baissée, puis j'ai ôté le voile dans un jardin privé et j'ai commencé à parler face caméra : « Les femmes afghanes ne seront pas réduites au silence. Je ne me tairai jamais. Nous nous battrons jusqu'à la victoire et jusqu'à notre dernier souffle s'il le faut. » Tout à coup, un employé a accouru pour nous prévenir que des talibans entraient dans l'hôtel et qu'il fallait faire vite. J'ai remis le hijab noir pour traverser le hall, tête baissée de nouveau, et j'ai croisé deux combattants en tenue talibane qui buvaient tranquillement leur thé. C'est ça, le quotidien en Afghanistan : des talibans qui s'amusent pendant que les femmes subissent les pires traitements. Pas que les femmes, d'ailleurs. Mais elles principalement…

Je suis sortie de l'hôtel sans un mot. Personne n'a bronché, personne ne m'a regardée non plus. L'ironie de la situation m'a fait sourire intérieurement : je venais de les dénoncer auprès d'un média international sans qu'ils n'en sachent rien – le sauraient-ils un jour ?

Quelques jours plus tard, le téléphone a sonné. C'était un fonctionnaire allemand : « La France vous a placée sur une liste prioritaire. Dans deux semaines, vous sortirez du pays. Un agent viendra chercher votre passeport. Il prononcera le code C2, sinon n'ouvrez pas. » Pas de visa mais un mot de passe et des billets d'avion imprimés quelque part à Berlin. On m'ordonnait aussi de ne jamais donner ma véritable adresse : trop de faux collecteurs circulaient, déguisés en diplomates, pour piéger les fuyards.

J'ai fait mes analyses Covid en secret, empaqueté mes trophées et un change sommaire. Personne en dehors de ma famille ne devait savoir. Je n'ai même pas prévenu mon frère : j'avais peur qu'il insiste pour m'accompagner et se fasse massacrer en chemin. La veille du départ, j'ai embrassé ma mère, serré mes sœurs dans mes bras, interdit aux larmes de couler : « Gardez-les pour quand je serai en sécurité. » Deux camarades afghanes sélectionnées par le même convoi m'attendaient au carrefour ; nous sommes montées dans le taxi sans nous retourner.

À l'arrivée à l'aéroport, un taliban armé nous a regardées de haut en bas puis, en anglais, il nous a demandé nos passeports. Pourquoi en anglais ? Comme pour nous tester. Mon amie lui a répondu en pachtoune, il nous a fait signe de filer ; il n'a même pas vérifié nos noms.

On nous a ensuite parquées sur un terrain brûlé par le soleil ; chaque groupe attendait d'être appelé vers sa destination, nous étions impatientes d'entendre le nom « France », synonyme d'espoir et de la fin de ce calvaire.

Au contrôle de sécurité, nouveau coup de stress : un garde a cru voir un collier en or dans ma valise. Panique intérieure : *S'il pense que je cache des bijoux, il confisquera mes affaires, peut-être même mon passeport.*

Tout aurait pu prendre fin à ce moment précis. J'ai juré que je ne possédais rien de précieux ; il a défait la doublure, trouvé mes médailles de bronze et de laiton. « T'es une athlète ? » a-t-il grogné. J'ai hoché la tête, je transpirais de peur. Il m'a fait attendre dans un coin – l'attente m'a paru interminable... Vingt minutes plus tard, il est revenu avec un air sombre ; je me suis dit que c'était foutu, qu'il allait m'ordonner de faire demi-tour. C'était hors de question, je ne pouvais pas échouer si près du but et resigner pour une semaine, un mois, un an sous le régime de ces tortionnaires... Le militaire s'est approché et m'a dit : « C'est bon, c'est d'accord, tu peux te casser. » Un accord discret entre son chef et les diplomates venait sans doute d'être conclu ; tant qu'on payait, on laissait passer les listes européennes. Les talibans ont soif de pouvoir et d'argent, ils ne pensent qu'à ça. Enfin, à ça et à la haine, à la violence et à l'asservissement des femmes.

Avec mes amies, nous avons patienté deux heures dans l'avion, moteurs coupés. J'avais peur, peur que tout s'arrête et qu'on doive repartir, peur aussi de ce qui m'arriverait une fois en Europe, et puis peur pour ma famille. Qu'allaient-ils faire ? Ma mère était épuisée de se battre, comment allais-je pouvoir l'aider depuis la France, si jamais j'arrivais un jour à Paris ? Soudain, l'avion s'est mis à rouler, puis nous avons décollé. J'ai senti mon cœur se décrocher dans ma poitrine. J'étais submergée par l'angoisse, par une immense joie à l'idée de partir et par une profonde tristesse à l'idée de laisser ma famille et mon pays aux mains de ces criminels...

Nous avons fait escale à Doha, la chaleur était accablante et ressemblait presque à celle de Kaboul.

Pendant dix jours, on nous a accueillies dans une sorte de camp de transit : sept jeunes filles regroupées, ou plutôt enfermées, dans un appartement sans voir le jour. Certains réfugiés, pachtouns aussi, nous lançaient des regards réprobateurs à cause de nos jupes trop courtes. Je passais devant eux la tête haute ; j'étais sortie de Kaboul pour ne plus jamais courber l'échine.

# Mon premier combat

Je revois encore mon gymnase : une ancienne salle de basket réaménagée à la hâte, les murs encore striés de traces de ballons, les estrades métalliques qui grinçaient dès qu'un spectateur changeait de place. Y régnait un air saturé d'encens bon marché – on disait que ça « repoussait le mauvais œil », mais ça créait surtout ce voile âcre sous les néons. Quatre moquettes bleues formaient un carré officiel ; autour, des banderoles de clubs de province, des chaises pliantes pour les coachs, quelques journalistes équipés d'appareils photo d'occasion. C'était ma première vraie journée d'athlète : je portais un dobok neuf encore raide, mon nom cousu à la hâte sur la poitrine.

Depuis des semaines, Fatemeh, ma première entraîneuse, celle qui m'avait repérée à Karaj, répétait : « Rappelle-toi : respiration, ancrage, contre-attaque. » Elle n'avait pas pu faire le déplacement, mais je savais qu'elle comptait les heures depuis son salon minuscule, sa connexion satellite pointée vers Kaboul pour suivre le streaming hasardeux. J'avais quatorze ans, à peine quatre mois de taekwondo dans les mollets, mais déjà la sensation que ce sport m'ouvrait une porte que la vie quotidienne s'entêtait à me fermer.

Afin de participer à chaque concours, il était obligatoire de porter un hijab noir. C'était le fardeau de toutes les jeunes filles, peu importe leur âge. C'était handicapant et particulièrement pénible, surtout pour moi…

Le tournoi s'organisait en quatre combats pour l'or. Au premier tour, je devais affronter une fille du Badakhchan, concentrée mais rigide. Les vingt premières secondes, j'ai testé sa garde ; elle ne pivotait presque pas. Sur un réflexe venu d'on ne sait où, j'ai enchaîné un arrière-avant au plexus qui a résonné comme un caillou lancé contre de la tôle. Elle a reculé d'un pas, moi j'ai avancé de deux. Quand la sirène a retenti, j'avais six points d'avance au tableau des scores. Mon cœur tambourinait dans ma poitrine, pourtant une effervescence nouvelle coulait dans mes veines : c'était mon premier dialogue corporel avec l'adversité, et je découvrais que la peur pouvait se transformer en arme de précision.

Entre les matchs, je notais les consignes de Fatemeh dans un petit carnet : « Toujours saluer le tapis », « Ne jamais reculer sans contre ». Je relisais mes notes comme d'autres récitent un verset. Deuxième tour : une technicienne légèrement plus grande, fine, déployant des coups de pied latéraux filants. Elle m'a effleuré le plastron, mais j'ai riposté d'un double crochet circulaire qui a fait éclater les hourras dans la tribune de mon club. Score final : dix-sept à cinq. L'arbitre a levé ma main, l'odeur de la sueur et du revêtement chaud m'est montée au cerveau ; j'ai eu l'impression de respirer pour la première fois.

Cependant, rien ne m'avait préparée à la finale. La fille m'attendait déjà au bord du tatami, casque vissé sur la tête, épaules carrées ; ses bras étaient presque aussi longs que mes jambes. Dès notre salut, elle m'a bousculée ; geste qui, dans un dojang, équivaut à une déclaration de guerre. Les deux premiers échanges ont été une bataille d'intimidation : elle me poussait hors du cercle, murmurait quelque chose en dari que l'arbitre faisait semblant de ne pas entendre. J'ai marqué un premier point sur un coup de pied direct monté dans son angle mort, puis un deuxième sur un fouetté tête-corps qui l'a obligée à reculer d'un pas. Ses yeux ont lancé des éclairs, elle a chargé, m'a heurtée de l'épaule et a presque tenté de me saisir. L'arbitre a sifflé : avertissement pour contact non réglementaire. Son coach hurlait qu'on me disqualifie ; le mien m'ordonnait de rester calme. Moi, je n'avais pas peur, j'avais seulement la certitude que l'injustice se vainc point après point.

Au deuxième round, tout a basculé. Sur une feinte jambe avant, j'ai pivoté et je lui ai logé un dwi-chagi en plein visage. Son plastron a vibré, son casque est remonté d'un centimètre, et une coulée rouge a jailli de son nez. Le public a retenu son souffle. Le médecin est arrivé, a constaté que le saignement était superficiel ; on pouvait continuer. Quand le round a repris, j'ai contrôlé l'espace, engrangé les points jusqu'au buzzer final. Le score s'est affiché : vingt-deux à huit. J'étais championne régionale pour ma première sortie. Le vacarme m'a traversée ; stupéfaite, j'avais l'impression que le temps suspendait son cours.

À la cérémonie de remise des médailles, on a posé sur mes épaules un tissu argenté qui sentait le plastique neuf. Les flashs ont crépité. Un représentant d'une grande banque, costume cintré, chaussures vernies, s'est penché vers moi : « Votre combat a quelque chose de différent, mademoiselle. Vous boxez avec l'élégance des compétiteurs iraniens, mais la hargne de Kaboul. Continuez comme ça, vous irez loin. » Je l'ai remercié poliment. Dans ma poitrine, la phrase tournoyait : l'élégance de là-bas, la hargne d'ici. Je commençais à comprendre que mon identité serait toujours composite, frontalière.

Lorsque, deux jours plus tard, une émission de télé matinale m'a invitée sur son plateau, j'ai pris place devant les caméras avec une assurance inattendue : « Je m'appelle Marzieh Hamidi, j'ai quatorze ans, et un jour, je serai championne olympique pour mon pays. » Les présentateurs ont échangé un sourire amusé ; moi, je pesais chaque mot comme un serment.

Arash m'a envoyé un texto : « On dirait que plus rien ne peut t'arrêter. » Je lui ai répondu d'un smiley qui fait un clin d'œil. La rue s'est mise à prononcer mon nom, la fédération à me flatter : « Notre pépite, notre étoile. » On me promettait des voyages, des stages, un avenir radieux. En coulisses, pourtant, je conservais la lucidité de mes origines : ayant grandi dans les couloirs d'une république fragile, je savais que les tapis rouges se repliaient plus vite qu'ils ne se déroulaient.

Fatemeh, restée à Téhéran, traçait pour moi un programme parfait : entraînement intensif en Iran, puis rassemblement express avec l'équipe nationale afghane avant chaque tournoi international. Jusqu'à ce que ma famille décide de rentrer définitivement à Kaboul ; j'avais dix-huit ans, pas encore l'âge de faire mes propres choix. Au moment de passer la frontière, j'ai senti ma trajectoire se faire plus cahoteuse. Les dojangs improvisés, les entraîneurs obsédés par la politique interne, les coutures craquantes d'un système sportif sous-financé ; j'ai compensé par la rage et le travail. Puis sont venues ces rumeurs obsédantes : les talibans avançaient, district après district.

J'ai continué à m'entraîner, à empiler les médailles nationales, à sourire aux caméras ; chaque victoire constituait un rempart supplémentaire contre la peur. Et puis, août est arrivé. Je devais partir en stage à Séoul ; je n'ai jamais reçu les billets. Le 15, mon frère m'annonçait : « Ils sont là. » Kaboul la résistante venait de tomber.

## L'arrivée à Paris

Il était temps qu'on parte de Doha. Les crispations donnaient lieu à des engueulades beaucoup trop récurrentes et la fatigue s'accumulait, mêlée au stress et à l'attente, créant un cocktail explosif. Au bout du dixième jour, une femme est venue nous saluer, elle nous a posé quelques questions, a vérifié nos noms. Puis elle nous a donné nos billets d'avion : « Décollage demain soir, arrivée à Paris au petit matin. »

À l'aéroport, les agents qataris nous ont escortées jusqu'à la porte de l'avion. Vol sans fermer l'œil : impossible de savoir si je redoutais l'atterrissage ou si je l'attendais. Quand l'appareil a touché le tarmac de Roissy, l'hôtesse nous a fait patienter longtemps, trop longtemps. Les autres passagers s'en sont allés, la cabine s'est vidée. Puis : « C'est bon, vous pouvez sortir. » Sur la passerelle, deux policiers immobiles. Protection, pas de questions.

Poste-frontière, test Covid. J'ai levé la tête vers la baie vitrée, c'était le noir total. « Pourquoi la nuit ? »

Il était 7 heures du matin. Deuxième claque : le froid glacial parisien. Comment était-il possible qu'il fasse aussi froid ?

Un bus nous attendait. Je suis montée dedans, j'ai ouvert Google Maps sur mon téléphone : le point bleu clignotait si loin de Kaboul que j'en ai eu la nausée. Une autre fille afghane a croisé mon regard ; nos larmes ont coulé sans que nous échangions la moindre parole.

Destination : un hôtel à Montrouge. Chambre minuscule, lit collé au mur. Par la fenêtre, on apercevait un bout de ciel bleu, un rayon, mais rien de beau, seulement la nouveauté d'un paysage totalement inconnu. J'ai appelé ma mère ; à peine ai-je entendu sa voix que j'ai éclaté en sanglots. Désormais mes craintes se résumaient à deux questions que je me posais en boucle tous les jours : *Que va-t-il arriver à ma famille ? Et moi, qu'est-ce que je fais ici ?*

On a passé trois jours sans sortir. Le quatrième, Véronique Philipponnat, la directrice du magazine *ELLE*, est venue me rendre visite. Dès qu'elle m'a vue, on s'est élancées l'une vers l'autre ; elle s'est mise à pleurer, et moi aussi. Elle m'avait apporté des gâteaux, des fruits, que des choses réconfortantes, et elle m'a demandé de quoi j'avais besoin. « Des vêtements de sport pour courir. » Le lendemain, elle me rapportait un sac de jogging et des barres protéinées. Vous savez, il y a des gens qui sont foncièrement bons, gentils, bienveillants. Véronique et Ava en font partie.

Je suis partie courir dans le petit parc que j'avais repéré sur Google Maps. Froid, vent, silence. J'en suis revenue plus triste encore. Deux matinées de suite, même boule dans la gorge ; alors j'ai préféré arrêter.

La nourriture de l'hôtel était immonde. Un cousin qui vivait à Paris m'a apporté des fruits frais et des fruits secs, puis il m'a emmenée dîner dans un restaurant afghan à La Chapelle. Premier contact avec le métro. En rentrant à l'hôtel, je me suis perdue trois fois, je n'y comprenais absolument rien. Il me fallait un peu de temps pour m'adapter, tout ça était tellement nouveau.

Un mois après notre arrivée, on nous a attribué, à moi et à deux autres Afghanes, un F2 à Châtenay-Malabry. L'appartement était assez sale, avec des murs jaunis. On a passé des jours à tout nettoyer et récurer. Puis on a commencé les cours de français ; assez vite, j'ai réussi à comprendre la langue, même si j'avais plus de mal à la parler – je préférais m'exprimer en anglais. Nous avions cours dans un centre d'aide aux réfugiés qui propose un accompagnement pour s'intégrer au mieux dans la société française. Seulement, tout le monde n'était pas là pour s'intégrer. Un jour, un garçon m'a montré une vidéo d'un taliban armé et s'est mis à défendre fièrement le régime. Ses propos dangereux, qui ne devraient pas être tenus par un réfugié accueilli par la France, m'ont rendue folle de rage. Je l'ai aussitôt dénoncé à la professeure ; je m'attendais à une lourde sanction. Au lieu de quoi elle m'a répondu : « Oui, c'est vrai qu'il a quelques problèmes psychologiques… »

Cette période-là n'a été ni heureuse ni glorieuse. Je m'ennuyais, les cours n'étaient pas vivants, et puis cette ambiance pesante devenait insupportable.

Un jour, j'ai signalé à la professeure que j'étais championne de taekwondo. Elle m'a fixée du regard :

— Vous voulez reprendre ?

— Oui, j'adorerais, mais je ne sais pas où.

Elle est sortie de la salle, a passé un coup de fil puis est revenue et a griffonné une adresse sur un post-it. « Allez là-bas et demandez Jess. »

Je m'y suis rendue le soir même, j'avais tellement hâte. Ça faisait des mois que je ne pouvais plus m'entraîner et, avec tout ce que j'avais vécu, j'avais accumulé une telle haine en moi... Reprendre était un besoin vital.

Premier exercice : une série de coups de pied. J'ai frappé sans réfléchir. J'ai enchaîné les kicks. Le coach a laissé échapper un sifflement, il hallucinait. « Marzieh, ta technique n'a pas voyagé en soute. Tu as un niveau énorme ! » Pour la première fois depuis des mois, je sentais mes jambes trembler de fatigue et non de peur. Dans le RER qui me ramenait à Châtenay-Malabry, j'ai inspiré profondément par le nez et j'ai écouté mon cœur battre.

J'étais loin de chez moi, il faisait froid, tout était nouveau, mais ce qui n'avait pas changé, c'était ma capacité à frapper. Non, elle ne m'avait pas lâchée.

## Une adaptation compliquée

Au bout de quelques mois, on m'a annoncé : « Tu vas aller vivre à Vincennes. »

J'ai répondu tout de suite que je ne voulais pas y aller. Je ne savais même pas où c'était. Je voulais rester à Paris, dans la capitale même, pas être envoyée dans je ne sais quelle ville d'Île-de-France. Je craignais d'être isolée, de me retrouver dans un endroit difficile, un mauvais quartier.

Et puis, un jour, j'ai vu Vincennes. C'était super beau, très propre, vraiment sympa. Alors j'ai dit avec un grand sourire : « D'accord, c'est bien ici. »

On m'a attribué un appartement. Quelqu'un m'a accompagnée, j'ai ouvert la porte et j'ai pensé : *Ça y est, c'est chez moi maintenant.* J'étais heureuse. Avoir un vrai toit au-dessus de ma tête, un endroit à moi, c'était énorme.

Quelques jours plus tard, une femme qui travaillait à la mairie m'a invitée au restaurant pour que nous fassions connaissance. On a discuté, elle m'a fait visiter la ville. Elle m'a expliqué où avaient lieu les fêtes, les événements. Mais moi, je me sentais déjà parisienne. J'allais partout, je bougeais tout le temps.

Après ça, une sorte de cérémonie de bienvenue a été organisée à l'hôtel de ville de Vincennes. Un membre du gouvernement a prononcé un discours pour m'accueillir officiellement. Sur le moment, ça m'a touchée. C'était très émouvant. Je me suis sentie reconnue.

Puis les choses ont changé.

On m'a inscrite à des cours de français, pas loin de chez moi. Mais la professeure était très dure. Elle me parlait comme si j'étais idiote. Un jour, j'ai eu un rendez-vous administratif important, lié à mon statut de réfugiée. La veille, j'avais prévenu la responsable de la classe que je ne pourrais pas venir en cours. Mais le lendemain, la professeure m'a appelée pour me crier dessus : « Vous ne respectez pas la France, vous ne respectez pas la langue française. »

Je me suis excusée, mais elle n'a rien voulu savoir. Elle m'a dit de revenir la semaine suivante. Je suis allée en classe, j'ai attendu, mais elle n'est jamais venue. Pas un mot, pas un message. Je suis rentrée chez moi. Je n'ai plus jamais remis les pieds dans ce cours.

J'ai trouvé ça profondément injuste. En tant que réfugiée, je venais tout juste d'arriver, je ne parlais pas encore français. C'était justement pour ça que j'avais besoin d'aide. Et elle, elle me critiquait. Elle me jugeait. Elle n'était pas là pour m'aider mais pour me faire la leçon. Ça m'a rendue triste. Je me suis sentie terriblement seule.

Plus tard, un employé de la mairie m'a sermonnée : « Tu ne participes pas aux événements », « Tu ne parles pas de nous dans les médias », « Tu ne fais rien pour la ville »... Mais personne ne m'avait invitée à quoi que ce soit. Personne ne m'avait dit où aller. Sans compter qu'on faisait peser sur moi cette pression constante : « On t'a donné un appartement, tu dois faire des choses pour nous. » On attendait de moi que je sois une sorte de vitrine de la ville. Comme si j'étais là pour les valoriser, eux. Sauf que je suis une athlète, pas une marionnette.

Comme je n'allais pas bien, je n'avais aucune envie de parler d'eux. Je préférais parler de l'Afghanistan et de ma lutte contre les talibans. D'ailleurs, personne ne m'a proposé un soutien psychologique, pas plus qu'on ne m'a demandé comment j'allais.

Petit à petit, j'ai commencé à me dire que... les Français étaient peut-être méchants. Il n'y avait rien de rationnel là-dedans, c'était l'expression de la douleur que je ressentais. Comme un cri. Je ne comprenais pas ce qu'on attendait de moi. Je me sentais utilisée, humiliée et rabaissée. Et en même temps, totalement ignorée.

J'étais triste. En colère aussi. Je me disais : *J'ai fui une guerre, j'ai traversé des choses que personne ici n'imagine, en laissant ma famille derrière moi. Et maintenant, on me fait sentir que je dois mériter ce qu'on me donne.* Mais je n'avais jamais rien demandé, surtout pas des privilèges. Non, tout ce que je voulais, c'était le minimum de respect. Un peu d'écoute. Or, à cette période-là, je n'ai trouvé ni l'un ni l'autre...

J'aimais Vincennes. C'est une très belle ville. Mais à ce moment-là, je n'aimais plus la France. Parce qu'on ne m'y aimait pas vraiment non plus.

## Et ma famille dans tout ça ?

Pour ma famille, restée sur place, ça a été un véritable cauchemar.

Avant l'arrivée des tyrans au pouvoir, mon frère avait bâti un empire ; une entreprise de marketing, présente dans vingt-trois villes d'Afghanistan. Il vendait des objets artisanaux, des produits du quotidien... mais surtout, il avait pris une décision révolutionnaire : il employait des femmes. Elles étaient plus de six mille à travailler pour lui à travers le territoire. Dans un pays étouffé par l'obscurantisme, il leur donnait une chance. Il leur donnait un avenir.

Ce choix, les talibans ne le lui ont jamais pardonné.

Quand ils ont repris les villes les unes après les autres, leur première cible a été son réseau. À Hérat, ils ont mis le feu à ses bureaux. À Helmand, ils ont tout saccagé. Ils ont traqué ses employées, arrêté plusieurs de ses collaboratrices. Ils disaient que son entreprise était impure, que c'était un lieu de péché. En réalité, ce qu'ils ne supportaient pas, c'était que des femmes aient autant de pouvoir. C'était pour eux un affront inacceptable.

Quand Kaboul est tombée, les talibans ont accepté qu'il poursuive son activité. Un mensonge. Deux semaines plus tard, quand il est retourné au siège, il les a trouvés partout. Dans ses bureaux, sur ses canapés, et même à sa place. Un commandant – une espèce d'adorateur des talibans – s'était installé derrière son bureau, sur sa chaise, et lui a dit : « Ce lieu est à nous maintenant. » Mon frère a résisté. Il a refusé de leur céder ce qu'il avait construit. Il a refusé de renvoyer ses employées. Il a refusé de trahir ses principes.

C'est là que l'enfer a commencé.

Ils l'ont harcelé. Ils venaient tous les jours dans ses bureaux, ils exigeaient de l'argent, des faveurs. Mon frère essayait de gagner du temps, il leur offrait à manger dans l'espoir de calmer la situation. Mais les talibans ne négocient pas, ils prennent. Et ils punissent ceux qui leur résistent. Les dénonciations ont suivi ; des jaloux, des collaborateurs, des lâches ont écrit aux autorités talibanes pour accuser mon frère de tout et n'importe quoi : qu'il couchait avec ses employées, qu'il soutenait la Résistance du Panchir, qu'il aidait l'opposition. Il a dû se cacher, changer plusieurs fois de domicile. Et un jour, ils l'ont arrêté.

Quand ma mère m'a appelée pour m'annoncer la nouvelle, j'étais en France depuis à peine un mois. Le choc m'a paralysée. Je ne pouvais rien faire d'autre qu'attendre et imaginer le pire en me répétant que j'avais peut-être vu mon frère vivant pour la dernière fois à Kaboul.

Les talibans et la police afghane voulaient sa peau. Et ils ne s'en sont pas pris qu'à lui. Ils ont menacé le reste de ma famille, aussi.

Ces terroristes et leurs petites mains cherchaient à tous les mettre en prison, à tous les faire payer. Alors, sur les conseils de mon frère, mes parents ont fui à leur tour. Direction le Pakistan.

Mais là-bas, ce n'était pas une vie non plus. Ils vivaient cachés, dans l'angoisse, sans avenir possible. Moi, depuis Paris, je me battais chaque jour pour eux. J'ai remué ciel et terre, et j'ai contacté des gens en Allemagne pour qu'ils leur obtiennent des visas en urgence. Je voulais que ma famille soit mise à l'abri. Qu'ils puissent enfin sortir de cet enfer. Chaque jour était une torture. Je me réveillais avec la peur au ventre. J'avais la tête en France et le cœur avec ma famille, au Pakistan et en Afghanistan. Je vivais dans un entre-deux permanent, incapable de me poser, de respirer.

Et puis, après six longs mois, l'Allemagne leur a accordé des visas humanitaires. Après ça, ils sont arrivés très rapidement. Enfin ils étaient en sécurité. Mais je ne les ai pas rejoints tout de suite. Je suis restée encore plusieurs mois sans les voir. Parce que je m'entraînais, parce que je devais rester concentrée. Parce que j'avais peur qu'on ne me reproche de délaisser mon sport – j'avais des résultats à obtenir. Hors de question que j'abandonne. Alors, j'ai attendu.

J'ai fini par les retrouver quelques jours avant mon anniversaire. On s'est effondrées. Ma mère, ma sœur et moi. On pleurait sans s'arrêter. Des torrents de larmes. C'était la première fois depuis longtemps qu'on reprenait notre souffle. Qu'on se sentait vivantes. On était ensemble, après tant d'épreuves et tout ce temps passé loin les unes des autres…

## La sélection pour les Jeux olympiques

Je traînais en jogging chez une amie quand j'ai reçu le mail avec le lien pour me connecter à un appel sur Zoom. Tous les athlètes étaient contactés un par un pour qu'on leur annonce leur participation ou non aux Jeux olympiques. C'était un grand moment, parce que j'y croyais et que je voulais à tout prix y participer, et ce, pour tout un tas de raisons. Lorsque je me suis connectée, un seul visage est apparu ; une des personnes travaillant au comité olympique a commencé la visio sur un ton qu'il voulait chaleureux mais qui ne trompait personne.

— Marzieh, tu es une grande athlète, tu portes de belles valeurs…

Je l'ai laissé parler dix secondes, puis je l'ai coupé net :

— Merci. C'est oui ou c'est non ? Dites-le clairement.

Il a soupiré, regardé un papier hors-champ.

— Malheureusement, tu ne seras pas à Paris 2024. Mais nous allons te soutenir dans la durée : une bourse spéciale pour préparer les prochains Jeux, un suivi complet, tu auras tout ce qu'il faut.

Fin de la réunion. J'ai posé le téléphone sans un mot. Pas de larmes : un trou noir. Je savais que cette décision n'avait rien de sportif ; c'était politique.

J'ai aussitôt décroché mon portable et, dans le désordre, appelé journalistes, alliés, anciens coachs. « Vous vous rendez compte qu'ils écartent la seule Afghane qui ouvre trop sa bouche ? Vous vous rendez compte qu'il y aura deux fois plus d'hommes que de femmes dans cette équipe ? »

Le soir même, je passais un coup de fil à un responsable des Jeux :

— C'est parce que je parle de l'apartheid de genre, n'est-ce pas ?

— Ne mélange pas tout… Les critères sont multiples…

— En Afghanistan, des femmes meurent et vous m'écartez, moi qui me bats pour elles !

Il a raccroché. Silence total sur la fameuse « bourse » promise : aucun mail, aucun rappel.

J'ai passé trois nuits sans dormir. Je tournais en rond dans l'appartement, incapable d'enfiler mon plastron. À l'aube du quatrième jour, j'ai cassé ma tirelire et réservé un billet pour Mykonos : j'avais besoin d'air.

Sur l'île, le soleil éclatant faisait briller la mer comme une médaille que je n'aurais jamais. Je restais plantée sur un rocher ocre, les pieds dans l'écume, sans même sentir la chaleur sur ma peau. Autour de moi, cocktails fluo, musique house, parasols turquoise ; à l'intérieur, néant. Je fixais l'horizon et je me répétais : *Ils ne veulent pas de moi.*

Après quelques jours à Mykonos, j'ai essayé de me raisonner. Je me suis dit : *Bon, au fond, c'est quoi les JO ?* Ma lutte est plus grande que la flamme olympique. Je me bats pour les femmes, pour leurs droits, pour leur existence, tout simplement. Je suis une combattante ; je peux gagner autrement. Les Jeux, je les voulais pour prouver que les Afghanes sont fortes – pas pour défiler en silence.

Parce que, soyons clairs, le comité olympique ne veut pas de réfugiés grande gueule qui dénoncent. Regardez le casting : très peu d'athlètes prennent la parole. Ils préfèrent les sages, les discrets, ceux qui sourient pour la photo et rentrent sans faire de vague au village olympique. Moi, je résiste, que ça plaise ou non.

J'étais en colère, le cœur en miettes ; et pourtant, sur ce rocher, sous ce soleil brûlant, j'ai senti quelque chose d'inflexible se réveiller en moi. *On m'a barré une voie ; j'en ouvrirai une autre.*

De retour à Paris, j'ai fermé les volets de mon appartement et laissé l'obscurité m'avaler quelques semaines. Puis j'ai noué ma ceinture rouge dans le salon. Chaque *kihap* vibrait comme une réponse à ceux qui m'avaient écartée : ma voix n'a pas besoin de podium pour décrocher une médaille.

# Paris 2024

Les Jeux approchaient, mais je savais déjà que je n'y prendrais pas part. Pas de sélection, pas de parade, rien. On m'a proposé de participer quand même à la cérémonie d'ouverture, de grimper sur un bateau sur la Seine avec le reste de l'équipe olympique des réfugiés. J'ai répondu : « Non, je ne peux pas. » Pas la force, pas l'envie. J'avais besoin de faire face au manque, pas de sourire devant des caméras.

Deux amies m'ont récupérée : Lina, palestinienne, et Grace, américaine. Elles partageaient un petit appartement dans le 19$^{e}$ arrondissement. « Viens, on reste ensemble », m'ont-elles dit. On a sauté sur leurs vieux vélos pour traverser Paris, qui se préparait à la fête. Le ciel était lourd ; même l'air semblait me rappeler que j'étais exclue des célébrations.

Le soir de la cérémonie, on s'est installées dans le salon d'un copain à elles pour regarder le direct. Dès que les délégations ont commencé à défiler, mon téléphone a explosé : « Marzieh, on te voit pas sur le bateau ! », « T'es où ? », « Pourquoi t'es pas là ? ».

Tout le monde pensait que j'étais qualifiée. Tout le monde. Voir ces drapeaux, entendre les commentaires, sentir l'eau couler sous leurs bateaux et savoir que je n'y avais pas ma place... J'ai lâché : « J'emmerde ce système. »

Sur le chemin du retour, il s'est mis à pleuvoir. La police bouclait les quais, la foule applaudissait, et moi, je roulais la tête basse, trempée, incapable de rire avec mes amies. C'était *ma* ville, cette fois-ci, *ma* Seine, et j'en étais une simple spectatrice. J'avais l'impression d'être une touriste dans ma propre vie.

Les jours suivants, j'ai tenté de suivre quelques matchs à la télé. Impossible. Regarder sans participer me déchirait le cœur. J'ai fini par couper le son, puis par éteindre l'écran. Je passais mes journées sur le canapé de Lina, à scroller sans but, à me répéter : *Je devrais être là-bas, pas ici.*

Et puis la vidéo est sortie. Un journaliste afghan, Mortaza, l'a postée sur X : on y voit Manizah, la breakdanceuse afghane, en plein show, qui arrache un drapeau « FREE AFGHAN WOMEN » de sa veste et le brandit au centre de l'arène. J'en ai hurlé de joie. Eux pensaient que c'était moi, le problème ; mais c'est Manizah qui les a pris de vitesse.

Quelques heures plus tard, la sentence est tombée : disqualification immédiate, sortie de scène. J'ai sauté sur Instagram, posté sa photo, tagué tous les journalistes que je connaissais : « Regardez-la. Soutenez-la. Parlez-en. » Je me sentais vivante. Ce qu'elle venait de faire était historique : première breakdanceuse afghane, première réfugiée à monter au créneau et à crier pour nous toutes.

Un Afghan de l'équipe olympique des réfugiés m'a écrit dans la foulée : « C'est mauvais pour l'image de l'équipe, mauvais pour les réfugiés. »

J'ai explosé : « Ferme ta gueule. Tu n'as pas peur pour l'équipe, tu as peur de son courage, parce que toi, tu n'en as pas. »

Je lui ai balancé que même le nom, « Équipe olympique des réfugiés », était politique. On met des gens en exil sous un même drapeau, puis on leur interdit de dénoncer les raisons de leur exil ? Quelle blague ! Il m'a rétorqué : « On ne fait pas de politique. » J'ai ri. *Tout* est politique.

J'ai écrit à Manizah. Elle m'a répondu : « Je le fais pour notre peuple, pour les femmes afghanes. » J'en ai pleuré de fierté. Elle aurait pu rester une athlète lisse, sans histoire. Elle a choisi de faire un doigt d'honneur devant le monde entier. Je me suis dit : *Ils ont peur, et ils n'avaient pas prévu qu'il y ait pire que moi.*

J'étais fière de ma compatriote, mais la grisaille n'a pas quitté mon esprit. Pour lui échapper, je suis descendue quelques jours à Marseille, puis j'ai filé en Allemagne voir ma famille. Rien n'y faisait ; je traînais ma tristesse comme une armure cassée. Je revenais à Paris, je repartais, sans parvenir à trouver de l'air. Parfois, je m'intimais : *Attends, ne gueule pas tout de suite, ça va te retomber dessus.* D'autres jours, j'avais envie de tout balancer.

En août, je suis quand même allée assister aux combats de taekwondo. Je voulais sentir l'atmosphère olympique pour me préparer aux prochains

Jeux. Et ça m'a frappée : c'était un tournoi comme les autres. Tu montes, tu attaques, tu gagnes ou tu perds. Rien de magique. La seule différence, c'est le badge « OLY ». Devant les tatamis, j'ai songé : *Peut-être que Dieu m'a protégée.* J'étais blessée, pas au top de ma forme. J'aurais pu perdre confiance pour de bon. Mais je bouillonnais : *Je sais très bien pourquoi je ne suis pas là. Les décisions se prennent derrière des portes closes.*

À la même période, je travaillais avec un ami sur un spectacle de danse, *Albatros*. Le thème : qu'est-ce que ça signifie, être « réfugié » ? Sur scène, je mêlais coups de poing et pas de danse, je racontais le déracinement avec mon corps. Le soir de la première, deux membres de la fondation de l'équipe olympique des réfugiés étaient là ; l'un d'eux m'a serré la main, l'autre m'a dévisagée d'un air sombre. J'ai pleuré en coulisses, pas seulement à cause de l'émotion que me procurait la pièce, mais parce que rien n'est jamais simple : quand on est réfugiée, tout le monde décide à notre place.

Un matin, j'ai juré que je retournerais m'entraîner, que je passerais outre. Le lendemain, je ne pouvais même pas sortir de mon lit : *Comment est-ce que je vais vivre ? Payer mon loyer ?* Les Jeux finissaient, les promesses de soutien s'évaporaient aussi vite qu'elles étaient venues. À ce moment-là, je ne savais ni si, ni quand, ni comment j'allais remonter sur un tatami. Je ne savais pas ce que j'allais faire de ma vie. J'étais vraiment perdue. Je savais seulement que je ne me tairai pas. Tant pis si ça dérangeait. Tant pis si ça me fermait des portes. D'autres s'ouvriraient.

Choisir le silence, rester dociles et laisser des extrémistes gagner ? Hors de question. Le combat, c'est chaque minute, chaque heure, chaque jour et c'est à nos conditions. Puisqu'on porte la voix de celles qui n'en ont pas, on ne fera aucune concession, aucune compromission. Parce qu'après le courage et la puissance de Manizah, après ces Jeux où je n'ai cessé de porter mes convictions et de m'exprimer, après les coups de fil passés à des journalistes, je suis certaine d'une chose : la voix des femmes afghanes n'est pas près de s'éteindre. Et je serai là pour l'amplifier, coûte que coûte.

Cet été-là, j'ai vu passer une info sur les réseaux sociaux qui m'a rendue dingue : en Afghanistan, les talibans interdisaient désormais aux femmes de parler entre elles. J'étais dans la rue avec un ami iranien quand j'ai appris la nouvelle. Je me suis arrêtée net. Chaque semaine, il y avait une nouvelle interdiction, une nouvelle liberté qui s'envolait pour mes sœurs… J'ai sorti mon téléphone et j'ai lancé un hashtag. Mes mains moites tremblaient, mais je l'ai posté sans hésiter. J'avais envie de hurler et un besoin irrépressible de le montrer.

## #LetUsExist

Je venais d'appuyer sur « publier ».

Ça y est, je l'avais écrit et je l'avais publié partout. Trois mots. LET US EXIST.

Je ne le savais pas encore, mais ce cri allait se propager plus vite qu'une traînée de poudre, même si j'en sentais déjà les secousses. Dans le flot électrique des notifications que je recevais, je voyais des phrases en farsi, en espagnol, en coréen, en dari : « Merci pour nous », « On t'entend », « Continue ».

J'ai levé les yeux ; j'étais tellement soulagée d'avoir parlé. L'air était lourd mais je respirais enfin.

J'ai passé la matinée à actualiser le fil de mes réseaux sociaux. Les likes, les partages se multipliaient ; une marée de comptes tenus par des femmes reprenait le slogan. À midi, un message privé est sorti du lot et a attiré mon attention : Shafi Karimi, un journaliste afghano-américain basé en France et connu pour démonter, sur YouTube, la façade rutilante derrière laquelle se dissimulent nos tyrans.

« Interview sur #LETUSEXIST ? Ce soir, si tu es dispo. »

Je lui ai répondu instinctivement, sans trop réfléchir :

« Ma vie est déjà tellement en bordel, je n'ai rien à perdre, donc allons-y. »

En fin d'après-midi, je lui ai donné rendez-vous chez une copine en banlieue parisienne pour faire l'interview en physique plutôt qu'en visio. On s'est installés, il était super sympa et m'a tout de suite mise à l'aise.

Il a appuyé sur « play », et c'était parti.

**Shafi :** *Tu as lancé un hashtag il y a quelques jours, à l'occasion de l'annonce de la nouvelle loi des talibans interdisant aux femmes de faire tout un tas de choses. Pourquoi as-tu lancé ce hashtag et pourquoi as-tu estimé qu'il était nécessaire aujourd'hui ?*

**Marzieh :** *Tout d'abord, Shafi, nous ne pouvons pas parler de « nouvelle ». Nous savons tous qui sont les talibans et ce qu'ils font. Ce n'est pas quelque chose de nouveau de la part de ce groupe terroriste qui constitue aujourd'hui le gouvernement en Afghanistan ; ils sont connus pour commettre des actes d'une cruauté insoutenable. Cette fois, la seule différence, c'est qu'ils ont osé en faire une loi et la publier dans les médias ; une loi selon laquelle les femmes n'existent tout simplement plus.*

*Je me suis demandé, nous qui ne vivons pas en Afghanistan, ce que nous pouvions faire pour les femmes afghanes. Et je me suis dit que lancer le hashtag #LetUsExist était un des moyens les plus simples pour informer le monde entier de la situation [...]. Ça me paraissait être la meilleure solution pour faire entendre la voix du peuple afghan en général et des femmes afghanes en particulier.*

**Shafi :** *Peux-tu nous expliquer quel est l'objectif de ce hashtag ?*

**Marzieh :** *L'objectif de #LetUsExist n'est pas de demander aux talibans de me « laisser vivre ». J'existe, même si je n'ai pas le droit de sortir de chez moi. Ce hashtag vise l'Occident : les pays européens, les États-Unis... Au nom de l'aide humanitaire au peuple afghan, l'Occident donne de l'argent aux talibans, et on ignore ce que ces derniers en font, alors même que le peuple afghan meurt de faim et que certains vendent même leurs filles pour pouvoir se nourrir ! [...] C'est ce qu'exige #LetUsExist : qu'on arrête de fournir de l'aide aux talibans, qu'on cesse toutes relations avec eux. Car cette aide va directement dans leurs poches et accroît chaque jour un peu plus leur pouvoir ; ils deviennent de plus en plus cruels avec les femmes afghanes. Mon hashtag ne s'adresse donc pas aux talibans mais aux responsables politiques occidentaux : il faut qu'ils adoptent une position claire et sans ambiguïté – soit ils sont avec nous, soit ils sont avec les talibans.*

**Shafi :** *Cela fait trois ans que tu as quitté l'Afghanistan et que tu t'exprimes sur différentes plateformes internationales. Tu es intervenue en Europe et devant la communauté internationale ; quelle est, selon toi, leur position vis-à-vis des talibans ?*

**Marzieh :** *J'ai l'impression que le monde en a marre de l'Afghanistan. Il y a une normalisation progressive des relations avec les talibans, comme si on banalisait la situation. Nous ne pouvons pas l'accepter : par notre opposition, par les protestations des femmes* *en Afghanistan et par notre mobilisation en Europe et ailleurs, nous devons empêcher toute normalisation.*

*Lorsque je rencontre des Français, car j'habite en France, désormais, ou que je vais au Parlement européen, comme l'année dernière, et même ailleurs, je vois des gens très attristés par la situation et qui souhaitent la disparition des talibans et appellent de leurs vœux la liberté des femmes afghanes. Mais rien n'adviendra sans une révolution du peuple afghan car, malheureusement, des personnes en Europe font du lobbying en faveur des talibans.*

*Pour une voix, comme la mienne, qui les critique, il y en a dix autres qui les soutiennent, ce qui crée de la confusion chez les Européens et les Américains : les Afghans veulent-ils des talibans ou non ? Je pense qu'il faut commencer par nous poser nous-mêmes la question : voulons-nous être libres ou pas ? Il faut essayer de trouver une solution parce que [...] nous ne voulons pas cohabiter avec un groupe terroriste qui, depuis vingt ans, fait régner la terreur et tue nos familles et nos amis.*

Ce sujet, c'est ma vie, c'est mon combat, je pouvais en parler pendant des heures – je vous mets d'ailleurs en annexe la retranscription complète de l'interview, pour les curieux. J'étais lancée et je me sentais libre de nouveau. Voilà pourquoi j'ai évoqué Rashid Khan, capitaine de l'équipe d'Afghanistan de cricket, et l'équipe elle-même.

**Marzieh :** *Les gens doivent être avertis : l'équipe d'Afghanistan de cricket n'a rien d'une fierté nationale. Elle ne représente ni le pays ni son peuple, et elle ne me représente certainement pas moi, une Afghane.*

*Elle sert surtout d'étendard aux talibans, ces terroristes qui ont poussé des millions de nos compatriotes à l'exil. Comment peut-on être d'accord avec les talibans ?*

**Shafi :** *Donc pour toi, Rashid Khan n'est pas un champion ?*

**Marzieh :** *Non. Je n'ai jamais apprécié le cricket. Je ne suis pas une de leurs fans.*

**Shafi :** *Au-delà d'aimer ou pas le cricket, pour toi, ce qui est choquant, c'est la proximité de l'équipe avec les talibans ?*

**Marzieh :** *Exactement, mais ce n'est pas la première fois qu'ils font ce genre de chose. Après chaque match, ils vont s'incliner devant les talibans et reçoivent des colliers de fleurs. Ils affichent clairement leur camp, celui des talibans. République, émirat, islamisme… Ils changent sans arrêt d'allégeance, mais vont toujours là où se trouve leur intérêt. Aujourd'hui, c'est du côté des talibans, car ils partagent leur idéologie. […]*

**Shafi :** *Si tu pouvais adresser un message personnel à Rashid Khan, quel serait-il ?*

**Marzieh :** *Il ne le mérite même pas. Il n'a jamais été une de mes idoles et ne le sera jamais. Il est le champion d'un groupe misogyne et terroriste. Mais ça ne va pas durer. Comme le dit le proverbe : « Une charge mal arrimée n'atteindra jamais sa destination. » Et un jour, dans dix, vingt ou trente ans, beaucoup de choses se seront passées et le pouvoir aura changé de mains.*

*Moi, je défends les droits des femmes et je me bats pour l'Afghanistan. Je suis fière d'être une femme et de n'avoir rien en commun avec eux. Donc non, il ne mérite pas que je lui envoie un message. Qu'il reste le champion de lui-même ; pour moi, il n'est rien.*

Le mot *putain* m'a échappé à plusieurs reprises ; j'étais en colère mais tellement vivante, prête à attaquer tous les alliés et soutiens des talibans un par un.

L'entretien a duré plus d'une heure. Quand Shafi a coupé la caméra, j'étais épuisée, vidée, même. Mais je m'en fichais ; j'avais l'impression de renaître.

Quarante-huit heures plus tard, la vidéo était en ligne. J'ai à peine eu le temps de la relayer que mes réseaux sociaux se sont enflammés. Les vues se sont envolées en un temps record et je me suis rendu compte que ce n'était pas une interview comme les autres. Pour certains, visiblement, c'était une déclaration de guerre. Et j'allais en faire les frais, j'allais subir un déchaînement de haine et de violence d'une intensité inégalée.

Malgré tout, j'étais satisfaite que le message soit passé et qu'il soit reçu, peu importaient les réactions. L'important, c'était qu'on parle de ce qui se passe en Afghanistan.

Sauf que je n'étais pas préparée, malgré l'armure de ma force, malgré ce que j'avais vécu, à subir ce torrent de menaces de mort, de menaces de viol, d'insultes, d'appels au meurtre, d'intimidations, d'humiliations.

## Mon cœur s'est arrêté

J'ai toujours eu l'habitude de recevoir des messages dégueulasses, à caractère sexuel ou même des insultes. C'est ce que vivent toutes les femmes sur les réseaux sociaux, surtout celles qui viennent de pays dirigés par des arriérés, des machistes ou des terroristes qui haïssent les femmes. Mais là… c'était d'une tout autre ampleur. Un nouveau genre de violence.

J'ai reçu des centaines de menaces. Des menaces de mort, de viol, des insultes à la chaîne. Certains voulaient me tuer. Littéralement. D'autres me poignarder, me brûler vive, ou me violer. Et ils l'écrivaient noir sur blanc. Sans filtre. Sans honte.

Quand j'ai lu certains de ces messages, j'ai eu l'impression que mon cœur s'arrêtait, je n'arrivais plus à respirer.

« Sale pute, tu oses critiquer Rashid Khan ? Lui c'est un champion, toi t'es une traînée mondiale. »

« Arrête de parler de l'Afghanistan. Ferme ta gueule et vends ton corps. Sinon je te démonte sur Insta, TikTok et X. »

« Fais attention. Il y a des talibans et des fils de talibans partout ici. »

« Je vais te couper la tête. »

Je suffoquais. J'ai quitté des yeux l'écran et tenté de reprendre mon souffle, puis je me suis replongée dans mon téléphone.

« Je vais brûler ton corps. »

« Tu as bien fait de fuir, si t'étais restée en Afghanistan tu serais déjà morte. »

« Peu importe où tu vas, on te retrouvera, tu seras égorgée. »

« Tu crois que c'est difficile de tuer quelqu'un ici à Paris ? Je jure sur le Coran que c'est encore plus facile qu'à Kaboul. »

Et puis, tout à coup, un appel. Un numéro avec l'indicatif de l'Afghanistan. La dernière chose que je voulais, c'était de répondre. J'ai regardé la photo de profil : un homme, inconnu. Je me suis demandé comment il avait eu mon numéro. Je ne comprenais pas. Qui était-ce ? Pourquoi m'appelait-il ?

Mais il insistait. Il appelait encore et encore. Alors, j'ai décidé d'enregistrer notre conversation. Je me suis dit : *S'il dit quelque chose de grave, il me faut une preuve. Sinon, personne ne me croira.* Et j'ai bien fait.

J'ai fini par décrocher.

— Bonjour, qui êtes-vous ?

Il a commencé à parler en pachto. Je l'ai arrêté :

— Parlez en farsi, je ne comprends pas le pachto.

Il a repris dans un farsi très haché, avec un fort accent.

— Pourquoi est-ce que tu racontes des conneries sur Rashid Khan ? Pourquoi est-ce que tu critiques l'équipe nationale de cricket ?

Je lui ai répondu sans rien montrer de ma peur :

— Parce que ce que je dis, c'est la vérité. Rashid Khan soutient les talibans. Ce sont des faits.

Il s'est tout de suite énervé et a recommencé à parler en pachto. Je ne comprenais plus rien. J'ai raccroché.

Et là, mon téléphone a explosé. Des dizaines, des centaines d'appels. Des numéros inconnus. Ça vibrait comme une alarme constante : *boum boum boum boum boum.*

C'est à ce moment-là que j'ai envoyé la vidéo à une amie afghane, qui vit à Paris. Elle, elle parlait pachto. Je lui ai demandé de me traduire les mots de cet homme.

Elle a regardé la vidéo, puis elle m'a rappelée.

« Marzieh… c'est très grave. Il dit qu'il a ton adresse à Vincennes. Il dit que s'il ne peut pas te parler, il viendra te chercher lui-même. »

Mon cœur s'est serré. Mon téléphone vibrait toujours. Des appels en continu. J'ai pensé qu'ils pouvaient tous venir. Cette nuit-là. Dans une heure. Peut-être même maintenant. J'étais paniquée comme je ne l'ai jamais été. Et chaque nouvel appel provoquait une montée d'angoisse. Ils allaient me tuer, c'est sûr.

J'ai téléphoné à une copine en lui disant que j'arrivais chez elle. J'ai attrapé une valise que j'ai remplie d'affaires en vitesse et j'ai quitté mon appartement. Je n'allais jamais y retourner – pas seule en tout cas. Les talibans avaient mon adresse.

## Un combat judiciaire

C'est un dimanche soir, vers 18 heures, que j'ai appelé pour la première fois Inès, l'avocate qui allait tout changer pour moi. J'étais tellement angoissée. Je me sentais en danger. Elle a aussitôt compris l'urgence. Pendant que nous parlions, elle a commencé à joindre des contacts au ministère de l'Intérieur. Elle m'a dit : « Tu ne bouges pas, tu restes chez ton amie, j'arrive en Uber. »

Comme promis, elle est venue me chercher à Bagneux. Je ne l'avais jamais rencontrée, d'ailleurs je n'avais jamais rencontré d'avocate. Je ne savais pas comment lui parler, comment interagir avec elle. Mais elle était jeune et surtout très bienveillante, à l'écoute et en même temps dans l'action. Elle m'a tout de suite rassurée.

On s'est rendues au commissariat. Là, les policiers ont pris la situation très au sérieux. À cause de la nature des menaces, de leur ampleur, du profil de ceux qui en étaient à l'origine. Ils nous ont dit qu'ils ne pouvaient pas savoir à quel moment on pourrait ressortir, que nos déplacements devaient désormais être limités.

À ce moment-là, Inès s'est aperçue que je ne parlais pas bien français. Que je n'aurais jamais pu affronter une audition toute seule. Que j'étais jeune. Et surtout complètement perdue.

Inès m'a ensuite dit qu'en plus de s'occuper de l'urgence judiciaire, il allait falloir alerter sur ma situation et me rendre visible ; que ça serait aussi une manière de me protéger. Elle m'a expliqué qu'il fallait médiatiser mon histoire et qu'elle connaissait un conseiller en communication qui avait l'habitude de ce genre de dossiers et qui pourrait sûrement nous aider. C'est là que Baptiste est entré en scène. Inès l'a appelé et lui a exposé mon cas. Touché par mon histoire et mon combat, il a dit oui dans l'instant et nous a donné des conseils ainsi qu'une première stratégie à suivre pour les médias. En raccrochant, il a déclaré qu'il rentrait le soir même de ses vacances en Bretagne pour être présent, pour nous épauler et gérer la crise. Et quelle crise…

Trois jours plus tard, Inès et moi nous sommes rendues dans un autre commissariat, dans le 17ᵉ arrondissement. Cette fois pour une audition plus longue, plus détaillée. Entre-temps, je dormais chez des amis. Je me cachais. Les autorités suivaient mes déplacements. Un premier dispositif de sécurité a commencé à se mettre en place. Je suis arrivée à l'audition avec une énorme valise. Mon ancien logement, je pouvais l'oublier. J'avais pris mes vêtements, mes affaires de sport, mon matériel d'entraînement sans savoir où j'allais vivre. Sans savoir ce qui m'attendait.

L'audition a été difficile. Un interprète avait été appelé, mais il ne parlait pas le bon dialecte. Il était pachtoun. Moi, je suis persanophone. Et surtout, il ne supportait pas ce que je disais. Une dispute a fini par éclater, car il prenait parti pour ceux que j'accusais. Les enquêteurs ont été obligés de le faire sortir de la salle.

À ce moment-là, on a pris conscience qu'on ne pourrait pas réussir seules. On s'est mises à chercher des interprètes qui parlaient persan, pachto et français. Mais ce n'était pas simple. Il ne s'agissait pas seulement de traduire, il fallait comprendre, s'engager, vouloir aider. Or mon histoire ne plaît pas à tout le monde. Je ne ressemble pas à l'image que certains se font d'une militante afghane. Je suis jeune, je suis sur TikTok, et ça dérange.

On a passé des appels, on a tenté de trouver des soutiens dans ma communauté. Certains ont répondu, mais beaucoup nous ont mis en garde. On nous a parfois demandé de l'argent. Mais nous n'avions aucun moyen financier à notre disposition. Rien d'autre que notre volonté et l'envie que je survive.

Peu à peu, je me suis rendu compte de ce que j'avais déclenché. On m'a dit que les propos que j'avais tenus dans la vidéo étaient gravissimes. Qu'ils allaient me poursuivre toute ma vie. Et je ne l'ai pas compris tout de suite. Ici, en France, les mots avaient une autre portée. Comme si, dans une liberté trop acquise, on ne percevait plus leur poids. Mais dans la bouche d'une femme afghane, ces mots résonnaient comme des bombes.

Pour que les juges français prennent la mesure de la dangerosité de ma situation, mon avocate a décidé de prendre contact avec des experts, des chercheurs qui connaissent l'Afghanistan et les talibans. Elle a passé des heures à parler avec un politologue, spécialiste de renom. Elle lui a demandé ce que je risquais. La réponse a été claire, glaciale : ce que j'ai dit peut me coûter la vie.

Plus tard, j'ai de nouveau été auditionnée, cette fois par un autre service, une autre enquêtrice. J'ai dû tout répéter. Réexpliquer mon histoire, redonner le contexte, les enjeux, illustrer ce que je vivais par des exemples concrets. C'était compliqué, épuisant parfois, mais pour moi, c'était essentiel. Je voulais qu'on comprenne. Je voulais que justice soit faite. Je refusais d'être réduite à un simple rôle de victime. Ce que j'ai vécu, je voulais que ça serve. Que ça ait un impact. Que ça empêche d'autres violences, ici, en Europe, ou ailleurs dans le monde. Trop de femmes exilées sont réduites au silence. Je refuse de me taire. Mais prendre la parole, ça demande de l'énergie, de l'implication, des sacrifices.

J'ai également été convoquée par un expert psychiatre. Là encore, les mêmes obstacles ont ressurgi. Notamment la barrière de la langue. Comment expliquer pourquoi on m'en veut ? Pourquoi, pour certains, ce que j'ai dit est impardonnable ? Comment transmettre la gravité de tout ça sans pouvoir vraiment nommer les choses ? Il me fallait aussi parler des séquelles. Je ne dormais plus. Je ne mangeais presque rien. Je passais mes journées, mes nuits, sur mon téléphone. Je n'arrivais plus à m'entraîner comme avant. Mon corps ne suivait plus. Mon esprit non plus, parfois. J'espérais que cet expert pourrait entendre tout ça, qu'il pourrait le comprendre. Parce que ce qu'il allait écrire aurait des conséquences.

Puis est venu le temps de l'attente. Des mois se sont écoulés sans que rien ne se passe judiciairement parlant. Après l'investissement, les auditions, les efforts, c'était le silence radio. Mon avocate a bien sûr continué de travailler sur mon dossier, elle faisait tout ce qu'il fallait. Mais l'enquête était tenue secrète. Je savais que c'était pour ma sécurité, pour ne pas compromettre la procédure. Je savais… mais c'était terriblement frustrant, car j'ignorais si les auteurs avaient été retrouvés, si un procès aurait lieu. Et les messages, eux, ne cessaient pas.

Donc on patientait. On espérait. On s'est demandé si l'Allemagne, la Suisse, ou d'autres pays allaient s'emparer de l'affaire. Si une action de plus grande ampleur allait voir le jour. Mais parfois, j'avais le sentiment que mon dossier se diluait, qu'il se perdait parmi tant d'autres.

Alors, Inès a décidé de partir un mois aux États-Unis, entre Washington D.C. et New York. Elle y est allée pour moi, pour nous. Elle a pris le temps de raconter, d'expliquer, de rencontrer ceux qui pouvaient faire bouger les choses. Je ne pouvais pas l'accompagner : je suis afghane, avec un titre de séjour fragile, et chaque passage de frontière représente un risque. Là-bas, elle est devenue ma voix. Elle a échangé avec des ONG, des experts, des diplomates.

Elle a parlé de l'Afghanistan, de la violence, de l'impunité. Et de moi. Peu à peu, des soutiens se sont manifestés. De nouveaux relais sont nés de l'autre côté de l'Atlantique. Inès a été reçue à l'ONU, à New York puis à Genève. Des yeux se sont ouverts, des portes aussi. Notre objectif était simple : faire en sorte que l'Afghanistan ne tombe pas dans l'oubli. Que la situation des femmes, des militants, des artistes, des minorités, reste visible. Que ce pays ne disparaisse pas des agendas politiques.

Malgré tout ça, malgré les soutiens, les rencontres, les engagements, le volet judiciaire reste aujourd'hui en suspens. Reste cette impression, insidieuse, que la justice avance trop lentement, alors que moi, je vis avec la peur au ventre chaque jour. Eux sont peut-être cachés derrière leurs écrans. Mais moi, je suis visible. Et j'attends.

# Un combat médiatique et politique

En parallèle, Baptiste s'est occupé de la médiatisation de mon histoire.

Dès qu'il est rentré à Paris, il m'a appelée et m'a expliqué ce qu'on allait faire, comment on allait travailler et, surtout, il m'a assuré que toute ma communication était sous contrôle. Que j'avais assez de choses à gérer, et à craindre, pour m'inquiéter en plus de mon image. Il avait déjà tout préparé, il n'y avait plus qu'à se lancer. Il a passé quelques coups de fil à des journalistes, rédigé quelques éléments et voilà, les premiers articles étaient en ligne.

Après ça, il m'a programmé deux interviews en direct à la radio. Inès est venue avec moi, pour me rassurer.

Le lendemain, Baptiste m'a donné rendez-vous à son bureau dans le 8e arrondissement. Il m'avait organisé un marathon médiatique parce qu'il avait vu que, malgré le stress, j'étais rodée et que je paraissais confiante et forte. Il m'a préparée et m'a annoncé qu'on allait enchaîner sept interviews dans la journée. Au début, j'ai cru qu'il bluffait, ça me semblait énorme. Mais non. Dans son bureau, on parlait aux journalistes de presse écrite, dans une salle de réunion, c'étaient les interviews filmées et dans l'autre, les interviews radio. Baptiste écoutait, il intervenait quand il le fallait et on débriefait avant et après chaque interview. Les journalistes avaient l'air sensibles à mon histoire et à mon combat, j'avais vraiment l'impression qu'ils comprenaient ce que je vivais. Tout était sous contrôle.

À chaque fois, Baptiste me briefait sur le journaliste et le média avant de débuter. Hugo Wintrebert de *Vanity Fair*, Arthur Meuriot de M6, Marion Ruggieri du magazine *ELLE* – toujours fidèle –, RTL, *Le Figaro*, BFM, CNews, le *JDD*, *L'Équipe*, *Le Parisien*, l'AFP, *Libération*, France Info, LCI, *Médiapart* et j'en oublie. Il y avait aussi cette jeune journaliste du *Point*, Nora Bussigny, une femme géniale, passionnée. Elle m'a beaucoup aidée et nous a donné beaucoup de contacts.

Baptiste m'a dit qu'il est important de ne pas parler qu'à des médias du même bord politique, parce que mon combat, justement, n'a pas d'étiquette. Je ne me bats pas pour un parti, je me bats pour la liberté et l'égalité ; ça doit convaincre tout le monde. Mais ça n'a pas été le cas.

Pendant qu'Inès gérait le volet judiciaire, Baptiste, lui, s'occupait en plus de soigner nos relations avec les personnalités politiques, afin de faire connaître ma cause auprès de ceux qui prennent les décisions, ceux qui agissent.

Yaël Braun-Pivet, la présidente de l'Assemblée nationale, a été l'une des premières à me soutenir ; elle a toujours été bienveillante, à l'écoute, et ses mots me sont allés droit au cœur. Valérie Pécresse m'a reçue au siège de la région Île-de-France, avec Patrick Karam, Amine El Khatmi et le reste de son équipe. Je sais que je peux compter sur eux. La maire de Paris, Anne Hidalgo, m'a elle aussi soutenue dès le début. Des ministres ont suivi ; Aurore Bergé, Gérald Darmanin, Amélie Oudéa-Castera, que j'avais déjà rencontrée. La sénatrice Laurence Rossignol, qui a œuvré avec Baptiste pour me faire intervenir au Sénat.

J'ai reçu beaucoup de soutien, mais j'ai également été confrontée à des tentatives de récupération. Un homme politique, par exemple, m'a conviée dans son bureau. Il a demandé que mon équipe ne m'accompagne pas, puis il m'a prise en photo, a posté ces images sur les réseaux sociaux sans me demander mon accord et surtout sans jamais nous aider par la suite. De la part de certains, on ne peut attendre que des mots, toujours des mots, jamais d'actes.

De même, certains médias ont tenté de me pousser sur des terrains dangereux. Une matinale radio, en particulier, a voulu que je m'exprime sur le voile islamique alors que je vivais en plein chaos, sous menaces de mort constantes, à peine protégée. L'animateur savait exactement ce qu'il faisait. Moi, j'étais épuisée, vulnérable, et il cherchait le buzz. Il voulait me faire entrer dans une case politique, m'assigner un camp. Mais mon combat n'appartient à aucun parti.

Il est et restera transpartisan. Je me bats pour les femmes, pas pour une idéologie.

Lorsque Yaël Braun-Pivet m'a invitée à faire un discours dans la cour de l'Assemblée nationale pour l'inauguration de l'exposition des statues de femmes illustres, j'étais tellement stressée... On avait travaillé quarante-huit heures presque sans interruption avec Inès et Baptiste pour que mon discours soit parfait. C'était un moment tellement fort pour moi ; l'occasion de revenir dans l'arène malgré les menaces, les insultes et la haine.

Nous étions très contents des résultats que nous obtenions en communication. Il y avait des interviews partout, sur toutes les plateformes, dans des médias très variés. C'était intense, mais tellement enthousiasmant. Baptiste ne comptait pas ses heures. Il était au téléphone du matin au soir pour décrocher de nouvelles opportunités. Les choses avançaient vite, et chaque interview comptait.

Un jour, deux grosses interviews sont sorties en même temps, dans *ELLE* et *Le Point*. Et puis, juste après leur publication, j'ai vu Baptiste recevoir un appel. Il avait l'air tendu, son ton était grave. Il parlait en français, donc je ne comprenais pas tout. Quand il a raccroché, il m'a assuré que tout allait bien, qu'il fallait continuer. Il n'a pas donné plus de détails.

Ce n'est que quelques jours plus tard que j'ai compris ce qui s'était passé. Quelqu'un l'avait appelé pour critiquer une de mes interviews, à cause de ce que j'avais dit sur certaines féministes – en particulier sur le fait qu'elles ne m'avaient pas apporté leur soutien. Apparemment, ça n'avait pas plu. Heureusement,

Baptiste m'a toujours laissée libre de mes propos. Il savait que mon message était plus important que tout, et que, pour le transmettre, je devais rester libre.

D'autres ont tenté de me faire dire ce que je ne pensais pas. Et d'autres, encore plus nombreux, qui ont tenté de me faire taire. Baptiste recevait des messages disant que je devais ralentir, faire moins de médias. À moi aussi, on m'écrivait : « Tu devrais te protéger, parler moins, rester discrète. » Pas question. Mon frère me répétait : « C'est maintenant que tu dois saisir ton moment, que tu dois porter ton combat. » Lui qui vivait sous la menace directe des talibans me disait de continuer. Alors non, je ne me tairais jamais.

Grâce à cette détermination, j'ai été auditionnée au Sénat, devant la Commission des droits des femmes et de l'égalité des genres, à l'initiative de Laurence Rossignol. Un moment à la fois solennel et extrêmement enrichissant. J'ai pu m'exprimer librement, dire tout ce que j'avais sur le cœur. Après mon intervention, plusieurs sénatrices m'ont posé des questions, toutes très engagées, très concernées. Très vite, j'ai compris qu'on partageait les mêmes valeurs, qu'elles voulaient aider, protéger, sauver les femmes afghanes. Mais au fond, nous étions toutes démunies face à cette violence, à cette injustice qui dépasse les frontières.

Malgré tout, j'ai vécu des moments marquants, des vraies émotions. L'association Women in Tech® m'a remis un prix d'honneur dans une superbe salle de l'Assemblée nationale, pour me témoigner son soutien. Ça m'a fait énormément plaisir car je partage pleinement ses valeurs et ses équipes sont incroyablement attentionnées. Je pense également à cette *standing ovation* au Women's Forum. De longues minutes debout. J'en avais les larmes aux yeux. Beaucoup de femmes sont venues me voir pour me transmettre leurs encouragements à la fois tendres et sincères. L'animatrice de l'événement a été d'une gentillesse immense.

D'autres encore m'ont assuré qu'ils seraient là pour moi. Mais très vite, plus rien. Silence. Je n'oublierai jamais ce décalage : l'enthousiasme public, et finalement l'absence réelle de réaction.

De nouveaux événements ont suivi : conférences, rencontres politiques, cérémonies. Baptiste m'a accompagnée à Berlin, où j'ai reçu un prix pour la paix et pour mon engagement. Il y a eu Monaco, Madrid, un discours à l'Unesco... Tout ça en un temps record. Un enchaînement intense, parfois épuisant, mais porteur d'espoir et tellement utile pour faire entendre ma voix.

Un déplacement à Madrid reste gravé dans ma mémoire, mais pas que pour des raisons officielles. Ce soir-là, à la sortie de l'avion, la fatigue nous écrasait. Il était tard, on avait faim, et dès qu'on a posé le pied sur le tarmac, la police madrilène nous a récupérés. Les menaces que je recevais ne venaient pas seulement d'Afghanistan, mais du monde entier. Des milliers de messages, d'appels, de menaces de mort ou de viol ont été recensés. Alors, même à l'étranger, une escorte policière m'accompagne partout.

Ce soir-là, donc, à Madrid, on était au bout du rouleau. Baptiste a voulu nous trouver un restaurant pour qu'on puisse dîner. Au téléphone avec une serveuse espagnole, il a tenté de communiquer avec elle... en anglais, avec son accent français. Elle, elle répondait en anglais aussi, mais avec un très fort accent espagnol. Résultat : aucun des deux ne comprenait l'autre. Quand il essayait de lui donner son numéro de portable puis son nom pour réserver une table, elle ne comprenait rien. Il a bien articulé son nom de famille, « Bérard Proust » : incompréhensible. Il a tenté avec son prénom, « Baptiste » : toujours rien. Alors, dans un dernier espoir, il a tenté avec un accent mémorable : « Baptista. » Et là... La serveuse a noté la réservation au nom de John. Voilà. John.

On a éclaté de rire. Un fou rire légendaire, qui ne nous a pas quittés jusqu'à l'hôtel. Même les policiers riaient. Et ce soir-là, on en avait bien besoin. Oui, on avait bien besoin d'un peu de légèreté, en dépit du poids de tout le reste.

## Ma vie sous protection policière

La vie sous protection policière, c'est une chose à laquelle je n'avais jamais pensé. Ce n'est pas un destin qu'on imagine pour soi. Mais après le déferlement de haine, les menaces de mort, les messages d'une violence inouïe, je n'ai pas eu le choix. Inès a tout de suite pris les devants. Elle a monté un dossier en urgence, contacté le ministère de l'Intérieur, trouvé les bons relais. En moins de quarante-huit heures, j'étais officiellement sous protection policière. Je ne remercierai jamais assez Inès et l'État français d'avoir été aussi rapides et réactifs pour assurer ma sécurité.

Je ne sais pas si on se rend bien compte de ce que ça implique, d'être accompagné par la police dans tous ses déplacements. C'est par moments invivable, pour moi comme pour les policiers, d'ailleurs…

Quelques semaines plus tard, les menaces se faisaient encore plus virulentes, plus précises, plus inquiétantes. Alors le ministère a réévalué ma protection à la hausse. Moi qui avais fui les talibans, les fanatiques, la terreur, je me retrouvais en danger de mort ici, en France, pays des droits humains, des Lumières. Traquée parce que j'avais simplement dit ce que je pensais. Parce que je m'étais levée pour défendre les droits des femmes afghanes. Parce que j'avais osé dénoncer un régime sanguinaire. Voilà ce que ça coûte aujourd'hui de dire la vérité.

Et puis, très vite, la question du logement s'est posée. Mon adresse vincennoise avait été divulguée et circulait sur les boucles Telegram et WhatsApp. Des proches des talibans savaient où je vivais. Il me fallait fuir.

J'ai changé plusieurs fois d'appartement, en urgence, jusqu'à m'installer à l'INSEP, où je m'entraînais depuis longtemps. Mais ils ont fini par savoir que j'y étais hébergée. J'ai dû encore une fois déménager. Inès et Baptiste ont travaillé jour et nuit avec la région Île-de-France, puis avec la mairie de Paris, pour me trouver un logement sécurisé.

Quand on est sous protection policière, cependant, rien n'est simple. On ne peut jamais rester trop longtemps au même endroit. Il faut savoir être discret, se méfier, vivre dans une tension permanente. Parfois, je me suis demandé si ça en valait vraiment la peine. Ce combat, cette exposition, cette vie constamment sous pression… Est-ce que ça méritait tous ces sacrifices ? Honnêtement, même si je suis une battante, même si j'ai un mental solide, j'ai eu des moments de doute. Il aurait été tellement plus simple d'arrêter. De disparaître. De choisir la paix.

Mais chaque fois que ce genre de pensées me venaient, je me rappelais pourquoi j'étais là.

Je songeais à mes sœurs, à ces femmes afghanes que tout le monde a oubliées, plongées dans le silence, enfermées, privées de liberté, auxquelles il est interdit de faire des études, de la musique, du sport, de vivre tout simplement. À ces femmes qui n'ont plus rien. Qui ont besoin de savoir qu'on se bat pour elles. Alors, tant que j'aurai de la force, tant que je pourrai tenir, je continuerai. Même si ça veut dire vivre dans la peur. Même si je dois me cacher. Même si je suis sous protection policière en France.

Dans mon combat, ma famille m'a soutenue. Mon frère m'a toujours dit de ne pas reculer, de continuer la lutte. Lui a dû fuir l'Afghanistan. Se terrer dans un pays voisin pour ne pas être tué. À cause de moi. Ma mère, mes sœurs ont eu peur presque tous les jours. Et même en exil, ma famille n'était pas en sécurité. Mon père a été menacé en Allemagne. Un Afghan l'a suivi jusque chez lui. Il lui a dit : « Si tu es un homme, fais taire ta fille. Qu'elle obéisse. » Mon père a répondu : « Hors de question. Ma fille est libre. »

Moi, j'étais obsédée par l'idée de les protéger. De les mettre à l'abri. Encore aujourd'hui, au moindre signal d'alerte, j'appelle Baptiste, j'appelle Inès. On réfléchit à ce qu'on peut faire, à comment réagir. On est prêts à tout, mais bien sûr, il y a des choses que je ne peux pas raconter ici.

Tout ce que je peux dire, c'est que je n'ai jamais voulu de cette vie. Mais maintenant qu'elle est là, je l'assume. Parce que je sais pourquoi je me bats. Et parce que je ne lâcherai jamais. Jamais.

## Le dur retour à l'entraînement

Initialement, je devais reprendre l'entraînement en septembre 2024. C'était mon objectif après les Jeux olympiques. À vrai dire, je me sentais un peu perdue. Je ne savais pas ce que j'allais faire de ma vie, ce qui m'attendait. Pourtant, je m'étais dit : *Tu n'as pas pu participer aux Jeux de Paris, mais tu dois y retourner, reprendre les compétitions, travailler dur.* J'étais décidée.

Et puis, tout a basculé le 1er septembre. Le jour où j'étais censée retrouver les tatamis, j'ai reçu les premières menaces.

Très vite, j'ai compris que l'enjeu n'était plus de reprendre les entraînements, mais de survivre. Littéralement. Je me suis retrouvée dans un tunnel d'angoisse. D'un côté, j'avais ce besoin de retrouver mon sport, de remettre ma vie en mouvement. De l'autre, cette réalité brutale : je ne pouvais plus sortir sans être escortée par une protection policière. Mon quotidien était devenu une lutte de chaque instant.

Alors, j'ai décidé de mettre le taekwondo entre parenthèses. De consacrer mon énergie à autre chose : me protéger, résister, répondre aux menaces, défendre ma cause. Je rencontrais des hommes et des femmes politiques, je faisais des interviews, je parlais dans les médias. Ce n'était pas ce que j'avais choisi, mais je me battais pour quelque chose de plus grand que moi. Pour la liberté. Pour les femmes. Pour les opprimés. C'était plus important que des médailles.

Malgré tout, mon corps avait besoin de bouger. Faire du sport me manquait. J'ai repris doucement, par petites touches. Une ou deux séances de cardio par semaine. Juste pour transpirer un peu, retrouver des sensations, sentir l'énergie revenir. Ça me faisait du bien. Pendant trente minutes, j'oubliais tout. Je ne pensais plus aux menaces, à la peur. J'étais juste là, dans mon corps, vivante.

Seulement, je me retrouvais sur un tatami avec des coéquipiers qui, eux, menaient une vie normale. Ils s'entraînaient, rigolaient, préparaient leurs compétitions. Moi, j'étais là, avec ce poids sur les épaules qui ne me quittait pas. Puis je passais mes journées à parler de politique, à défendre mes idées. Deux mondes totalement opposés. Deux vies irréconciliables.

Mais je retournais quand même m'entraîner avec eux. Parce que ça me faisait du bien de les voir. Parce que c'était une parenthèse, ça me permettait de souffler. Même si je me sentais seule ; je ne ressentais pas beaucoup de solidarité de la part de mes coéquipiers. Un seul d'entre eux a vraiment pris soin de moi. Les autres... peut-être qu'ils étaient sensibles à ce qui m'arrivait, en tout cas ils ne me l'ont jamais montré.

Parfois, on me disait : « Ils veulent te tuer, c'est fou », mais ça en restait là. Leurs propos manquaient de chaleur, de vraie compassion.

Ce qui m'a énormément aidée, c'est le soutien que m'a apporté ma fédération. Patrick Russo, le directeur technique national, a été exceptionnel. Il m'a rassurée : « Prends ton temps. Ne te fais pas violence. Il n'y a aucune pression. Tu dois survivre, c'est tout ce qui compte. » Ce genre de paroles, dans des moments comme ça, ça vous sauve. Il m'a rappelé que je n'étais pas qu'une athlète. Que ma vie avait de la valeur, même en dehors des podiums.

Petit à petit, j'ai donc repris l'entraînement. D'abord avec prudence. Puis de plus en plus régulièrement. Et je me suis surprise moi-même. J'étais en forme. Mon corps n'avait rien oublié. Je me suis dit : *Tu n'as rien perdu, tu peux encore y arriver.*

Avant, la pression venait du sport. Aujourd'hui, c'est autre chose. C'est la politique, ce sont les menaces, c'est la peur. Mais j'en ai fait une force. Un moteur. J'ai compris que je ne pouvais pas dissocier les deux : mon combat politique et mon parcours sportif. Ils sont liés. Le taekwondo n'est pas qu'un sport pour moi. C'est un outil. Une arme. Une manière de dire : *Je suis encore debout.* Je dois gagner, et pas seulement pour les médailles. Je dois gagner pour prouver que je peux survivre et triompher.

Mais cette pression, elle est là, tout le temps. Elle est plus forte qu'avant. Je ne sais pas ce que l'avenir me réserve. Est-ce que ceux qui me menacent seront arrêtés ? Combien de temps vais-je devoir vivre sous protection policière ? Est-ce que je pourrai reprendre une vie normale un jour ? Je l'ignore.

Ce que je sais, c'est que je continue d'avancer. J'évolue entre deux mondes. La peur au ventre. Mais la tête haute. Parce que je n'ai pas le choix. Et parce que je suis une combattante.

## Reprendre la compétition

J'avais passé un an sans compétition, un an sans sentir l'adrénaline d'un tatami. Pendant ces longs mois, j'ai surtout essayé de survivre : rendez-vous, interviews, menaces, papiers à remplir, police à rencontrer... et chaque jour la même question dans ma tête : *Est-ce que j'aime encore vraiment le taekwondo ?*

Je ne sentais plus cette faim qui m'animait. Avant, ce sport était mon langage – un moyen de dire aux petites filles d'Afghanistan qu'on peut riposter, qu'on peut tenir tête aux talibans. Mais je ne savais plus si ce feu brûlait toujours en moi.

Et puis, un jour, Pedro, mon nouvel entraîneur, m'a posé la question qui tue : « La prochaine compète, on la fait quand ? »

Nos regards se sont croisés et il a ajouté : « Il y a le Tallinn Open, en Estonie, en avril. » J'ai dit oui presque machinalement : je voulais vérifier si je pouvais encore vibrer.

Je suis arrivée à Tallinn sans gardes du corps. Ça me rendait nerveuse : mon nom figurait sur les listes et n'importe qui pouvait savoir que je serais là. Il me restait un kilo à perdre pour rentrer dans la catégorie des moins de 57 kg ; j'avais déjà éliminé tout ce que je pouvais à Paris. Je me disais : *Une fois là-bas, sauna, transpiration, terminé.* Sauf que l'hôtel n'avait pas de sauna. Il était 23 heures, je venais d'atterrir, j'étais épuisée par le voyage.

J'ai envoyé un message à Pedro :

« Coach, mon poids n'est pas bon. Tu peux chercher un sauna ? »

« Ça va être serré. Fais de ton mieux. »

Deux journalistes français voyageaient avec moi. Je ne les connaissais pas vraiment, mais ils étaient gentils, attentionnés – rien que leur présence brisait la solitude que j'éprouvais depuis que j'avais quitté l'Afghanistan. Ils ont trouvé un sauna privé encore ouvert : cent euros l'heure. Ils ont payé sans discuter. J'ai pensé : *Pourquoi ? Pourquoi des inconnus sont-ils parfois plus tendres que la plupart de nos proches ?*

J'y suis restée jusqu'à 2 heures du matin. Dans la chaleur, j'ai eu l'impression de mourir : plus d'énergie, plus rien à donner. Quand je me suis couchée, il me restait cinq cents grammes à perdre. J'espérais que le sommeil les ferait fondre. Au réveil, c'était pire : je me sentais vide et lourde à la fois.

« Coach, je ne peux plus rien perdre. »

Il m'a répondu :

« On ne va pas te tuer pour la balance. On change, on passe en moins de 62 kg. »

À l'accréditation, l'officiel, un homme métis, peut-être indien ou pakistanais, a lu la mention « athlète réfugiée » sur mon passeport. Il a fait sauter la pénalité. « Juste... vas-y, bats-toi. » Un petit geste, mais pour moi c'était énorme. Je me suis répété : *Je ne suis pas ici pour gagner ou pour perdre, je suis ici pour retrouver Marzieh.*

Dans ma chambre, la veille du combat, j'ai regardé les vidéos de mon adversaire arménienne sur YouTube. J'ai noté son rythme, son style, ses points faibles. Je me suis dit : *Elle est prenable.* J'ai éteint la lumière, fermé les yeux : j'ai visualisé blocage, jambe avant, jambe arrière. Je me suis endormie comme ça, comme si je m'entraînais encore.

Le matin, musique dans les oreilles. Vibrations positives. Pas de pression de médaille, pas de classement. Échauffement. Pedro était à côté, les journalistes pas loin. Ils ne savaient pas si j'allais gagner : un an sans combat, avec un entraînement irrégulier. Moi, j'étais affamée.

Sur le tatami, j'ai regardé la fille droit dans les yeux, pour lui faire comprendre : *Aujourd'hui, c'est moi.* J'ai attaqué et attaqué encore. Premier round gagné. Deuxième round gagné. Peu de points lâchés. Pedro n'arrivait pas à y croire.

À la fin du combat, quand l'arbitre a levé ma main, je ne savais pas quoi ressentir. Pas de vrai bonheur, pas de tristesse. Ma gorge était serrée. J'avais envie de pleurer, mais pas devant les caméras. J'ai grimpé l'escalier ; aussitôt, j'ai vomi de l'eau.

Mon cœur tambourinait, ma vision s'obscurcissait. Crise de panique.

Je comptais redescendre pour le deuxième combat, mais la tête me tournait. Je me suis allongée, la respiration coupée, mes battements de cœur trop rapides. Le médecin est venu me voir, a repéré mes lèvres blanches : « Tachycardie, danger. Tu arrêtes. »

J'en ai pleuré. J'étais prête, vraiment prête. Encore un obstacle. Je suis sortie du gymnase, j'ai respiré l'air froid, j'ai laissé couler mes larmes. Peut-être une heure, peut-être plus. Puis je me suis calmée. J'ai perdu le tournoi, mais j'ai gagné une certitude : j'avais toujours aussi faim de victoire.

Le retour à Paris s'est fait au crépuscule. L'avion s'est posé à Roissy, la porte s'est ouverte et la chorégraphie habituelle a recommencé : trois policiers sont montés à bord, m'ont escortée jusqu'à la passerelle, nous avons traversé les couloirs sans nous arrêter, puis nous sommes sortis par une porte de service pour rejoindre une voiture banalisée. Assise à l'arrière du véhicule, j'ai regardé les lumières de l'autoroute. J'avais survécu aux menaces, au sauna, aux vomissements, à la panique. Je me suis dit : *Battante, oui. Chaque respiration sous escorte me le rappelle.*

J'ai vingt-deux ans. Je suis sensible, trop émotive parfois pour un sport si brutal, mais mon devoir n'est pas seulement de marquer des points. Le taekwondo me sert de plateforme ; le vrai combat, c'est la justice. Quand j'étais adolescente, la militante Nadia Murad a allumé un feu en moi. Depuis, je crois que je suis née pour plus qu'une médaille : pour être une voix, un symbole de résistance.

Alors, bonne chance à celles et ceux qui veulent continuer de me chercher, ils me trouveront. Marzieh Hamidi n'a pas fini de frapper.

## L'amour, l'amour, l'amour

Je n'ai jamais appris à nommer exactement ce que je ressens ; il n'existe aucun mot farsi ou dari pour expliquer simplement : « J'aime les femmes autant que les hommes. » En Iran, de même qu'en Afghanistan, vous imaginez bien que ces mots sont indicibles ; il est déjà impossible pour les femmes d'aimer librement les hommes qu'elles veulent sans être la cible d'insultes, de menaces ou de représailles, alors aimer des femmes, c'est totalement inimaginable.

Et puis, ce sont des pays où les potins et les commérages circulent encore plus vite qu'ici, à Paris. Nos mères chuchotaient d'ailleurs toujours que « tout se sait ». Malgré tout, dès l'enfance, une curiosité silencieuse battait sous ma cage thoracique.

J'avais huit ou neuf ans. Nos voisins, une famille afghane, passaient leurs après-midi chez nous ; ma mère et la leur échangeaient des recettes, des souvenirs de Kaboul. Dans la cour, je jouais avec leur fille et son petit frère. Un après-midi, ma jeune voisine m'a pris la main. Je me souviens de la chaleur de sa paume, du tremblement de mes genoux. Nous nous sommes approchées l'une de l'autre, si près que j'ai senti son souffle sur ma joue ; nos lèvres se sont frôlées, une fraction de seconde. Aussitôt, la panique m'a submergée : je voyais déjà nos mères surgir, la honte fondre sur nous comme une tempête de sable. Des nuits durant, j'ai prié pour que ma voisine garde le silence. Lorsque sa famille a déménagé, un soulagement brutal m'a traversée ; mais dans cet allègement s'ouvrait un manque, un petit gouffre dont je ne savais pas quoi faire.

À l'adolescence, je me suis efforcée d'être une fille « normale ». Je sortais avec des garçons. J'aimais leur voix grave, l'odeur de cuir de leurs vestes, la vague illusion de sécurité qu'ils déployaient autour de moi. Pourtant, il suffisait parfois d'une lumière oblique sur la nuque d'une amie pour que tout mon corps se rappelle cette étreinte de la cour de mon enfance ; un courant doux et dangereux remontait le long de ma colonne vertébrale. Je n'en parlais à personne. Notre langue n'offrait rien d'utile ; notre culture, encore moins.

À seize ans, à Téhéran, j'ai rencontré Ava. Elle était née garçon mais, chaque matin, elle dessinait patiemment un trait d'eye-liner au ras de ses cils. Les garçons du quartier la traitaient de monstre ; son propre père, disait-on, la frappait pour lui « ôter ses idées ». Je ne pouvais rien lui offrir, sinon ma présence : je la raccompagnais jusqu'au seuil de son immeuble pour que personne ne la bouscule. À travers elle, j'ai compris que la honte était une arme, un fouet destiné à faire plier les existences récalcitrantes. Protéger Ava, c'était aussi me protéger moi-même, même si je n'osais pas encore me l'avouer.

Plus tard, mon exil m'a déposée à Paris. J'étais encore hébétée par ma fuite de Kaboul quand une amie m'a entraînée dans un club libanais, quelque part près de la place de la République. Les murs résonnaient d'électro orientale, les bouteilles de vodka circulaient de table en table. Une Libanaise, totalement ivre, s'est agrippée à mes épaules et m'a embrassée à pleine bouche. L'alcool brûlait ses lèvres, mais je n'ai pas reculé ; j'ai senti mes propres doigts se refermer sur sa taille. Mes amies ont éclaté de rire : « Marzieh, tu vas finir avec tout le monde ! » C'était une plaisanterie qui plantait pourtant en moi une certitude neuve : ici, rien ne me condamnait à me terrer.

Quelques semaines plus tard, dans la file d'attente d'un club parisien, je discutais en farsi avec deux copines iraniennes. Un homme nous a entendues ; il s'est présenté, il était français d'origine iranienne. À son bras, une jeune femme au sourire éclatant. Nous avons passé la nuit à danser, tous les trois. Au détour d'un morceau, elle a posé ses lèvres sur les miennes, simple détonation. Je suis restée figée un instant, puis j'ai répondu à son baiser. Son ami a souri, amusé ; elle a glissé son numéro dans ma poche. Nous nous sommes revues plusieurs fois. Rien de sérieux : des promenades, des baisers sous les réverbères, la sensation délicieuse d'un monde sans barbelés.

Ces expériences ne m'ont pas fait basculer du côté d'un drapeau arc-en-ciel revendiqué. Elles ont seulement élargi ma demeure intérieure. J'aime toujours les hommes. Je continuerai de tomber amoureuse d'eux, de leur maladresse parfois, de la façon dont ils posent leurs doigts sur ma nuque. Mais je refuse d'éteindre cet autre feu qui s'allume en moi à la vue d'un joli visage féminin.

Autour de moi, cependant, les vieilles chaînes qu'on a voulu me mettre aux poignets ne sont jamais loin. Dans l'appartement de Doha où j'ai transité avant d'arriver en France, une réfugiée pachtoune m'a dévisagée avec dégoût parce que je portais un T-shirt. Elle a murmuré à son amie : « Salope. » J'ai compris tout de suite. Même là, même loin de chez moi, la police des regards nous suit.

À Paris, aussi, un soir, il m'est arrivé de taquiner un ami français : « Arrête, tu fais ta diva. » Il s'est crispé : « Ne dis jamais ça. » Sur le moment, j'ai ri, je me suis dit que c'était tellement ridicule, puis je me suis souvenue que le poison du jugement se retrouvait malheureusement dans toutes les langues et combien il peut faire de mal.

Ma famille, elle, navigue entre soupçons et ignorance volontaire. Ma sœur plaisante : « Tu aimes trop traîner avec des filles ! » En réponse, je hausse les épaules. Je n'ai pas encore trouvé l'espace ni la force de leur expliquer, pas après ce que nous avons traversé. Un jour, peut-être. Pour l'heure, je garde mes confidences pour moi, comme quand j'habitais en Afghanistan, où le silence était un réflexe de survie.

Il y a des histoires plus vives. Un soir de Nouvel An persan, une amie iranienne – celle qui prétendait avoir un fiancé, mais flânait autour de moi comme un papillon obstiné – a dormi chez moi. Ma sœur partageait l'autre lit, avec sa fille entre les bras. Au milieu de la nuit, j'ai senti une main se glisser sous mon T-shirt. La chaleur m'a envahie, mélangée à l'effroi. J'ai refermé mes doigts sur les siens, et je les ai repoussés doucement. Au matin, nous n'avons rien dit. Le tabou enveloppait la chambre comme un drap épais.

Je repense souvent à cette nuit : l'excitation et la honte tressées ensemble, impossibles à démêler. Dans chacun de mes pas, je porte ce fil double : la joie d'aimer et la peur d'être démasquée. Depuis Paris, cependant, la balance penche vers la joie. J'embrasse qui j'ai envie d'embrasser. Je flirte parfois avec des filles dans les toilettes bondées d'une boîte latino, je plaisante avec des garçons sur un banc du canal Saint-Martin, et je laisse ces fragments composer un tableau sans cadre fixe. Je ne me dis pas lesbienne ni hétéro, je ne sais même pas si le mot « bisexuelle » suffit ; je me dis vivante.

Cette liberté est fragile. Sur Instagram, des inconnus afghans m'écrivent : « Tu es une honte pour l'islam. » Des hommes me menacent de viol pour « me remettre sur le droit chemin ». Je bloque, je signale, je passe à autre chose, mais chaque phrase plante une écharde. Ça ne m'empêche pas de poster des photos de moi en short d'entraînement, d'une sortie entre filles, d'un café avec un ami. Je refuse d'effacer ma propre existence pour rassurer ceux qui rêvent d'une femme silencieuse.

Certains soirs, quand je ne dors pas, je me souviens de ma vie à Kaboul. Trois mois sous le régime des talibans, trois mois à répéter mes poumsés dans le salon pour ne pas devenir folle. J'imaginais alors mon avenir : une burqa, un mariage forcé, même si mes parents n'auraient jamais accepté ça, peut-être la tôle d'une prison si l'on découvrait un message compromettant. Aujourd'hui, je me promène dans les rues de Paris, libre, sous protection policière certes mais les cheveux au vent, mes AirPods dans les oreilles, et je me dis que chaque baiser que j'ose échanger, chaque désir que je reconnais déchire encore un lambeau de ce futur atroce qu'ils voulaient m'imposer.

Rien n'est simple, cependant. La plupart de mes liaisons avec des femmes restent brèves, des étincelles plutôt qu'un feu de cheminée. Est-ce à cause de mon passé ? De la peur de m'attacher ? Ou simplement de la vie qui emporte chacune vers d'autres villes, d'autres combats ? Je l'ignore. Tout ce que je sais, c'est que ces éclats me constituent autant que mon nez brisé sur un tatami, autant que mon exil forcé.

Je songe parfois à mon amie Ava. Où est-elle à présent ? A-t-elle trouvé un endroit où poser son sac sans craindre la prochaine gifle ? Quand j'hésite à répondre à la tendresse d'une femme, je repense à elle, à son regard bordé de khôl malgré les moqueries. Alors, je tends la main, j'effleure une joue, j'accepte l'étreinte. Pour elle, pour les milliers de femmes et d'hommes qui ne le peuvent pas.

On me demande parfois si je cherche l'amour, comme si tout était figé. Je réponds seulement que je cherche la vérité. Ma vérité. Et cette vérité passe par les corps, les rires, les silences partagés, les nuits sans honte et surtout sans jugement. Si un jour elle se fixe dans les yeux d'une personne, femme ou homme, eh bien je l'accueillerai avec joie et liberté. Sinon, je continuerai de marcher, d'aimer, de combattre, sans laisser quiconque replacer une burqa sur mes épaules.

Voilà l'essentiel : la liberté que je prends, ce n'est pas une provocation, c'est une respiration. Les talibans me traquent parce que je parle, parce que je cogne, parce que je refuse de disparaître. Je ne leur offrirai pas la satisfaction de renoncer à cette part de moi, celle qui trouve la beauté d'une femme époustouflante, celle qui s'émerveille encore des bras d'un homme sincère. J'ai traversé trop de frontières pour en reconstruire une dans ma propre chair.

# Et après ?

Maintenant que je vous ai raconté tout ça, j'aimerais vous parler de l'avenir à cœur ouvert. Je ne sais pas si je serai encore en vie le mois prochain, puisque les menaces sont quotidiennes. Mais je continue de me projeter malgré tout. Je rêve de devenir une dirigeante forte, une femme capable de changer les choses, de faire bouger les lignes.

Pour les femmes d'abord, bien sûr. Pour celles d'Afghanistan, d'Iran, mais aussi pour toutes les femmes du monde. Je veux faire partie de celles qui portent le changement, qui ouvrent des portes, qui prennent des risques. Et je veux continuer à être une championne. Le taekwondo reste une part essentielle de ma vie. Je veux gagner des médailles, des titres, aller au bout de mon potentiel. Mon plus grand rêve reste de devenir championne olympique, championne du monde. Je n'ai pas pu participer aux Jeux olympiques de Paris. Ce n'était pas mon moment. Mais je me bats pour être aux prochains, à Los Angeles.

J'aimerais beaucoup que ce soit sous la bannière de la France, j'aime énormément ce pays qui m'a accueillie et qui m'a sauvée. Cette fois, je veux y être, représenter ma culture, mes racines, mes combats.

Mais je veux aussi que ces combats dépassent le sport. Je veux défendre une idée : celle d'un monde où la religion ne se mêle pas à la politique. En Iran, en Afghanistan, cette confusion est une catastrophe. Elle prive les gens de liberté. Je ne laisserai rien aux extrémistes qui cherchent à contrôler les femmes et à les asservir en leur imposant le voile ou de se taire. Que ce soit en Afghanistan, en Iran, mais aussi ici, en France. Ils ne le font pas pour leur bien. C'est ce que l'on voit dans la série *La Servante écarlate* ; c'est ce que l'on voit aux États-Unis (et même ailleurs), où il est désormais devenu presque impossible d'avorter. Dans quasiment tous les pays, et même des démocraties, des hommes cherchent à réduire au silence les femmes, les priver d'une existence libre et heureuse.

Moi, je veux apporter cette liberté, celle qui transforme les vies. J'aimerais créer des espaces sûrs pour les femmes, leur donner accès à l'éducation, les rendre visibles, les aider à devenir des actrices du changement. Pas seulement en leur permettant de travailler ou de pratiquer un sport. Non. En leur donnant les moyens de devenir des décideuses. D'avoir une place autour de la table, là où tout se joue. Parce que la plupart du temps, les décisions se prennent sans les femmes. Il faut que ça change.

Je lutterai contre les régimes dictatoriaux et terroristes aussi longtemps que je le pourrai. Un jour, j'aimerais m'engager en politique, ici, en France.

Parce que la France est devenue mon autre maison. C'est ici que je vis, que je travaille, que je me bats. Or je sens qu'il manque encore beaucoup de choses dans ce pays aussi. Je veux contribuer à faire avancer cette société. À défendre les valeurs de liberté, d'égalité, de justice. À alerter contre les idéologies extrémistes, contre la propagande, contre ceux qui cherchent à détruire ce que d'autres ont construit avant nous. Je veux faire partie de cette nouvelle génération qui se lève pour protéger ce qui reste à sauver.

Aujourd'hui, je ne suis plus seule. Depuis le déferlement de violence que j'ai subi, j'ai pu me construire une équipe solide, humaine, engagée. À mes côtés, il y a et il y aura toujours, je l'espère, Baptiste. Il est présent à chaque instant, toujours là pour structurer ma communication, rendre mes prises de parole plus fortes. Et puis, il y a bien sûr Inès, mon avocate. Elle m'accompagne dans tous les combats juridiques, elle m'aide à résister aux menaces, à la haine, aux procédures. On forme une équipe soudée. Je n'aurais jamais tenu sans eux.

Je ne veux pas devenir une politicienne comme les autres. Je ne veux pas du pouvoir pour le pouvoir. Je ne veux pas être de ceux qui oppriment, qui humilient, qui tuent. Je ne veux pas de la violence. Personne ne mérite d'être tué parce qu'il pense différemment. Il faut éduquer, pas éliminer. Moi, je veux convaincre. Je veux ouvrir les yeux. Je veux défendre des idées, pas prendre les armes.

Et pour ça, j'aimerais devenir française. Pas seulement pour avoir un passeport français, mais pour me sentir pleinement chez moi. Il ne suffit pas d'être né quelque part pour se sentir y appartenir. Il s'agit de plus que ça, il s'agit d'être accepté tel que l'on est. Bien sûr, parfois je ne me sens pas à ma place ici. Le racisme existe, je le vois, je le vis. Mais j'ai envie de croire que ce pays peut aussi devenir le mien. Que ce passeport peut être une force supplémentaire dans mon combat. Une protection. Un outil. Un symbole aussi, pour dire que je suis ici, que je fais partie de cette société et que je veux la faire avancer.

Quand j'étais enfant, je rêvais de faire du cinéma (oui, j'ai des ambitions variées !). Aujourd'hui, ce rêve ne m'a pas quittée. Parce que je crois en la puissance de l'art. Le cinéma peut transmettre des émotions, raconter des histoires, ouvrir les consciences. C'est une autre façon de se battre. De toucher les cœurs. Il y a des films qui ont changé des vies. Qui ont bouleversé des systèmes. Et j'aimerais faire partie de ça. Utiliser le cinéma pour montrer la vérité, raconter les combats, exprimer ce que les mots seuls ne suffisent pas à dire.

Je veux parler des réfugiés, des femmes, de la liberté, de la peur, de la résistance. Raconter ce qu'on refuse de voir. Je sais que j'ai cette énergie en moi. Cette force. Ce feu. Je ne sais pas si j'y arriverai, mais j'y crois. Je crois en moi. Je crois que je suis capable de travailler dur, d'avancer, de ne pas lâcher. Et si je peux transformer cette rage en art, alors ce sera une autre manière, puissante, d'être utile. D'exister. D'agir.

# Postface

Je m'appelle Marzieh Hamidi.

J'ai vingt-deux ans, des poings qui frappent aussi fort que des coups de tonnerre et une voix que les talibans et leurs dangereux alliés n'ont pas réussi à faire taire. Si vous tenez ce livre entre vos mains, c'est que vous avez croisé, même de très loin, l'ombre des talibans : la silhouette des burqas qu'ils veulent jeter sur chaque femme afghane, la nuit sans éducation qu'ils tirent sur nos filles, le silence qu'ils décrètent sur nos rêves.

Dans ces pages, je raconte comment on survit quand l'Histoire s'effondre sur soi ; comment on marche dans une Kaboul déjà asphyxiée par la rumeur de leur arrivée ; comment on serre contre sa poitrine un passeport, un dobok de taekwondo, une paire de gants d'entraînement – et l'espoir inavoué de n'avoir à frapper personne avec. J'explique aussi ce que « fuir » signifie : traverser des couloirs d'aéroport saturés de panique, abandonner la poussière du tatami et la chaleur de son quartier, désapprendre des réflexes de survie pour réapprendre à respirer sans danger.

Mais ce livre, ce n'est pas un carnet d'exil. C'est un manuel de résistance. Avec Baptiste Bérard Proust, qui m'accompagne depuis plus d'un an et avec qui j'ai noué une relation amicale très forte et une relation de travail exaltante, nous avons écrit pour mes sœurs restées derrière la porte – celles qui, chaque matin, se demandent jusqu'où s'avancera l'interdit : école ? travail ? trottoir ? fenêtre ? J'y ai couché la rage qui m'étreint lorsque je m'entraîne dans un dojang parisien en sachant que, dans mon pays, les salles de sport sont redevenues clandestines. J'y ai consigné les menaces – ces milliers de messages vociférés depuis des caves numériques – pour qu'elles témoignent, noir sur blanc, de la peur qu'inspire une femme debout. Nous menons ce combat judiciaire avec mon avocate et mon amie Inès Davau ; sans elle, la lutte serait différente, voire impossible. C'est une alliée indéfectible. Avec mon équipe, on a toujours aimé se rappeler qu'on est comme des scorpions. Un bon scorpion, ça ne lâche jamais. Ça avance, quoi qu'il arrive. C'est intense, passionné, loyal. Et nous, on est comme ça. Inès, Baptiste, moi. On est une équipe soudée, solide.

Ce livre, nous l'avons écrit aussi, et enfin, pour la France qui m'a offert un toit, un tapis de tatami, la possibilité insensée de traverser la Seine en discutant de droits humains. Rien n'était gagné : l'exil, c'est changer de monde sans changer de peau. J'ai dû étudier la langue, la bureaucratie, le rythme des métros et des matchs nationaux. J'ai découvert qu'aux yeux de certains, être réfugiée, femme, combattante et afghane, c'est déjà beaucoup trop pour une seule personne. Peu importe. À toutes ces étiquettes, j'ajoute la mienne : vivante.

Cette postface est une promesse. Celle de ne jamais baisser le regard quand on me somme de me taire ; de transformer une médaille en mégaphone pour Kaboul ; de rappeler, page après page, que le courage n'est pas un don mais vient à force de s'entraîner chaque matin devant son miroir. Nous avons commencé ensemble l'échauffement, coups de pied, coups de poing, coups de plume. Maintenant, tenez-vous prêts : le combat commence.

# Annexes

## Discours dans la cour de l'Assemblée nationale, sur invitation de Yaël Braun-Pivet

*15 septembre 2024*

Mesdames et messieurs,

Aujourd'hui, nous sommes réunis non seulement pour célébrer, mais aussi pour honorer la force et la résilience extraordinaires des femmes qui ont façonné notre monde. En Europe, où nous jouissons de la paix, de la stabilité et de libertés qui paraissent presque aller de soi, il est essentiel de rappeler que ces privilèges ne sont malheureusement pas universels. Dans de nombreuses régions du globe, les femmes sont encore privées des droits les plus fondamentaux – des droits que nous tenons souvent pour acquis.

Les femmes que nous honorons aujourd'hui incarnent la capacité des femmes à bâtir des sociétés pacifiques et justes. Depuis des siècles, elles subissent la persécution au nom de la religion et de la tradition.

Par notre courage et notre vision, nous avons remis en cause des croyances profondément enracinées et bousculé un statu quo qui cherchait à nous confiner.

Bien que nous ayons accompli d'immenses progrès, la lutte pour l'égalité des genres et les droits humains fondamentaux est loin d'être terminée. À l'heure où je vous parle, seize millions de femmes afghanes se voient refuser leurs droits élémentaires et sont réduites au silence sous couvert de religion et de tradition. Il ne s'agit pas seulement d'un apartheid de genre ; c'est une éradication profonde et systématique des femmes – un génocide de genre.

Face à une telle injustice, les femmes afghanes ont courageusement appelé la communauté internationale à reconnaître ce crime contre l'humanité. Elles ne demandent pas seulement une reconnaissance ; elles exigent des actes et une solidarité concrète.

Dans un esprit d'unité et d'humanité partagée, je vous laisse sur ce poème du grand poète persan Saadi :

> « Les êtres humains sont les membres d'un tout,
> Créés d'une même essence et d'une seule âme.
> Si la souffrance atteint l'un des membres,
> Les autres ne pourront rester en paix.
> Si vous ne compatissez pas à la douleur humaine,
> Vous ne méritez pas le nom d'être humain. »

Honorons l'héritage des femmes que nous célébrons aujourd'hui : œuvrons à la reconnaissance de l'apartheid de genre comme crime contre l'humanité, soutenons les femmes afghanes et faisons résonner leur voix.

Je vous remercie.

# Discours au Sénat

*23 octobre 2024*

Honorables membres du Sénat,

Aujourd'hui, je me tiens devant vous pour évoquer une question pressante : le sort des femmes afghanes, bouleversé du jour au lendemain. Renvoyées plusieurs siècles en arrière vers des pratiques dignes du Moyen Âge, elles ont été privées des droits humains les plus fondamentaux. Après vingt ans de labeur et de sacrifices – tant de la part de la communauté internationale que du peuple afghan –, en une seule nuit, la moitié de la population a perdu son droit à l'éducation, au travail et, à bien des égards, même son droit de respirer.

Depuis le retour du régime barbare des talibans, l'accès des femmes à l'éducation est l'un des sujets les plus débattus. Ouvrir des écoles pour les filles est indispensable, mais il nous faut également nous demander : quelle éducation leur sera dispensée ? Le contenu des programmes est aussi crucial que l'accès à l'école.

Historiquement, l'essor des talibans était intimement lié à l'identité pachtoune. Lorsque ces derniers ont perdu le contrôle du pays, ils ont recruté dans d'autres groupes – Tadjiks, Ouzbeks, Hazaras. Aujourd'hui, une tendance alarmante se dessine : les talibans s'emploient à former une nouvelle génération de « talibanes ». Ils ouvrent des madrasa, notamment dans les régions non pachtounes, pour diffuser le radicalisme auprès des garçons comme des filles.

Même si les écoles rouvraient demain, un programme fondé sur des interprétations archaïques et radicales de l'islam n'émancipera pas les femmes afghanes. En tant que défenseurs des libertés individuelles et des droits humains, nous devons, dans cette enceinte, prendre position.

J'en appelle à la communauté internationale pour qu'elle prenne deux mesures vitales :

1. **Soutenir les femmes afghanes** dans leur quête d'une vie compatible avec la dignité humaine et les valeurs modernes : elles méritent une éducation qui les prépare au monde d'aujourd'hui, pas qui les enferme dans le passé.
2. **Donner à la jeune génération une place à la table des décisions.** La génération plus âgée, qui a maintes fois échoué à construire un Afghanistan pacifique et prospère, ne doit pas dicter notre avenir. Nous, la jeunesse, devons tracer nos propres chemins, apprendre de nos erreurs et définir nos valeurs.

Unissons-nous, côte à côte avec la jeune génération d'Afghanistan, déterminée à bâtir un avenir meilleur.

Merci beaucoup.

## Discours à l'UNESCO

*7 mars 2025*

Excellences, invités distingués, Mesdames et Messieurs,

C'est pour moi un honneur, mais aussi une lourde responsabilité, de m'exprimer aujourd'hui. Nous sommes réunis en cette Journée internationale des droits des femmes – une journée censée célébrer le progrès et l'égalité – alors que des millions de femmes afghanes luttent pour quelque chose de bien plus fondamental : le droit d'exister.

Depuis le retour des talibans au pouvoir, l'Afghanistan est devenu le seul pays au monde où les femmes et les filles sont systématiquement effacées de la vie publique. Il ne s'agit pas seulement de répression ; c'est un apartheid de genre. Les femmes ne sont pas simplement exclues : elles sont interdites – d'éducation, de travail, d'espace public, de décider de leur propre avenir.

Pourtant, le monde continue de traiter les talibans comme une entité légitime, en débattant comme s'il existait un avenir raisonnable sous leur régime. Permettez-moi d'être parfaitement claire : les talibans ne gouvernent pas l'Afghanistan, ils le détruisent. Et une partie de cette destruction passe par l'instrumentalisation des femmes afghanes elles-mêmes.

### La stratégie des talibans : faire des femmes leurs propres oppresseurs

Les talibans ne se contentent pas d'exclure les femmes de l'éducation et de la vie publique ; ils façonnent une génération de femmes qui servent leur idéologie. Ils sélectionnent soigneusement un petit nombre de femmes « visibles » – celles qui épousent leurs vues extrêmes – tout en réduisant au silence et en éliminant celles qui résistent.

Les talibans transforment les femmes en femmes talibanes : des femmes qui défendent le régime, appliquent ses règles et se dressent contre d'autres femmes. C'est une tactique dangereuse : utiliser des femmes pour opprimer d'autres femmes. Et cela fonctionne.

Le monde ne doit pas confondre cela avec un quelconque progrès. Ce n'est pas parce qu'une poignée de femmes peut s'exprimer sous le joug taliban que les Afghanes ont des droits ; cela signifie simplement que les talibans décident quelles voix peuvent exister.

### L'éducation sous les talibans : une arme, pas une solution

On parle beaucoup de la réouverture des écoles par les talibans. Mais la véritable question est : quelle éducation y est dispensée ?

L'Afghanistan ne possède plus de système scolaire ouvert. L'éducation est contrôlée par les talibans. Les écoles de filles restent fermées, tandis que les madrasa – écoles religieuses talibanes – se multiplient rapidement. Les talibans n'instruisent pas les enfants afghans ; ils les endoctrinent.

Et qu'on ne s'y trompe pas : il vaut mieux que les écoles restent fermées plutôt que d'envoyer les filles dans des madrasa qui enseignent l'extrémisme. Quel avenir leur prépare-t-on si leurs seules leçons sont la soumission et l'obéissance ? Si on leur enseigne à croire que leur seul rôle est de servir et d'accepter l'oppression ? Ce n'est pas de l'éducation ; c'est du lavage de cerveau.

Si le monde veut parler de réouverture d'écoles, la vraie question doit être : qu'y enseigne-t-on ? Qui enseigne ? Quel futur se fabrique entre ces murs ? Ouvrir des écoles sous le régime taliban n'est pas un progrès ; c'est un outil pour créer la prochaine génération d'extrémistes.

### Apartheid de genre : le monde doit le reconnaître

L'oppression systématique des femmes afghanes n'est pas seulement une crise ; c'est un crime contre l'humanité. Le terme existe : apartheid de genre.

Il est temps pour la communauté internationale de le reconnaître officiellement.

L'apartheid de genre est l'oppression institutionnalisée, légale et systématique des femmes, fondée uniquement sur leur genre. Tant qu'il ne sera pas reconnu en droit international, les régimes comme celui des talibans ne pourront être tenus responsables, et il n'y aura pas de justice pour les femmes afghanes.

### Des actions concrètes : ce qui doit être fait

L'heure n'est pas aux déclarations symboliques ; elle est à l'action réelle. La communauté internationale doit :

1. **Reconnaître l'apartheid de genre comme crime en droit international.** Si l'apartheid racial était inacceptable, l'apartheid de genre doit l'être tout autant.
2. **Refuser de reconnaître le régime taliban.** Aucun pays ou organisation ne devrait légitimer un régime qui institutionnalise l'apartheid de genre. La reconnaissance diplomatique doit être conditionnée à la participation pleine et entière des femmes dans la société.
3. **Garantir un véritable accès à l'éducation.** Investissons dans des voies alternatives : enseignement en ligne, bourses, écoles clandestines qui offrent aux filles afghanes une éducation authentique, et non la propagande talibane.
4. **Dénoncer et rejeter la manipulation talibane.** Il faut dénoncer l'usage des femmes comme instruments d'oppression. Celles qui

parlent sous le régime taliban ne représentent pas les Afghanes ; elles représentent la stratégie des talibans.

### #LetUsExist – un mouvement, pas seulement un message

C'est pourquoi j'ai lancé #LetUsExist, non comme un simple slogan, mais comme un appel à l'action. Les femmes afghanes résistent. Elles risquent tout pour se faire entendre : elles manifestent, écrivent, se battent par tous les moyens possibles. Mais elles ne peuvent pas le faire seules.

#LetUsExist n'est pas qu'un mot-clic ; c'est une exigence, un refus d'être effacées.

### Mon propre combat – et pourquoi il vous concerne

Aujourd'hui, je m'adresse à vous sous protection policière. Non parce que j'ai commis un crime, mais parce que j'ai dit la vérité, parce que j'ai refusé de me taire.

Si ma voix – qui a pu atteindre des tribunes internationales – est menacée à ce point, que dire de celles des millions de femmes afghanes sans aucune protection ? Que dire de celles qui, en Afghanistan, risquent leur vie simplement en existant ?

### Conclusion

L'histoire jugera notre réponse à cette crise. Sera-t-on la génération qui a laissé l'apartheid de genre s'enraciner au XXI$^{e}$ siècle ? Ou celle qui s'est levée pour dire : « Ça suffit ! » ?

Le choix nous appartient. Les femmes afghanes se battent pour leur existence. Il est temps que le monde se batte à leurs côtés.

Je vous remercie.

## Entretien de Futur Afghanistan avec l'athlète Marzieh Hamidi

*31 août 2024*

À retrouver sur : Interview with Marzieh Hamidi – گفتگو با مرضیه حمیدی ورزشکار (youtube.com)

*Shafi : Merci, Marzieh, d'avoir accepté de participer à cette interview.*

Marzieh : Merci à toi, Shafi, de m'avoir invitée.

*Shafi : Pour commencer, voici ma première question. Tu as lancé un hashtag il y a quelques jours, à l'occasion de l'annonce de la nouvelle loi des talibans interdisant aux femmes de faire tout un tas de choses. Pourquoi as-tu lancé ce hashtag et pourquoi as-tu estimé qu'il était nécessaire aujourd'hui ?*

Marzieh : Tout d'abord, Shafi, nous ne pouvons pas parler de « nouvelle » loi. Nous savons tous qui sont les talibans et ce qu'ils font. Ce n'est pas quelque chose de nouveau de la part de ce groupe terroriste qui constitue aujourd'hui le gouvernement en Afghanistan ; ils sont connus pour commettre des actes d'une cruauté insoutenable. Cette fois, la seule différence, c'est qu'ils ont osé en faire une loi et la publier dans les médias ; une loi selon laquelle les femmes n'existent tout simplement plus.

Je me suis demandé, nous qui ne vivons pas en Afghanistan, ce que nous pouvions faire pour les femmes afghanes. Et je me suis dit que lancer le hashtag #LetUsExist était un des moyens les plus simples d'informer le monde entier de la situation, d'autant qu'on vit dans un monde régi par les réseaux sociaux comme X, Instagram… Ça me paraissait être la meilleure solution pour faire entendre la voix du peuple afghan en général et des femmes afghanes en particulier.

*Shafi : Peux-tu nous expliquer quel est l'objectif de ce hashtag ?*

Marzieh : L'objectif de #LetUsExist n'est pas de demander aux talibans de me « laisser exister ». J'existe, même si je n'ai pas le droit de sortir de chez moi. Ce hashtag vise l'Occident : les pays européens, les États-Unis… Au nom de l'aide humanitaire au peuple afghan, l'Occident donne de l'argent aux talibans, et on ignore ce que ces derniers en font, alors même que le peuple afghan meurt de faim et que certains vendent même leurs filles pour pouvoir se nourrir ! Où va cet argent, où vont ces millions de dollars ?

Il faut impérativement que l'Occident cesse de financer les talibans. Et lorsque les talibans voyagent en Europe, on nous donne je ne sais quels prétextes. Soit on arrête de les financer, soit on collabore avec eux, mais il n'y a pas d'entre-deux. C'est ce qu'exige #LetUsExist : qu'on arrête de fournir de l'aide aux talibans, qu'on cesse toutes relations avec eux.

Car cette aide va directement dans les poches des talibans et accroît chaque jour un peu plus leur pouvoir ; ils deviennent de plus en plus cruels avec les femmes afghanes. Mon hashtag ne s'adresse donc pas aux talibans, mais aux responsables politiques occidentaux : il faut qu'ils adoptent une position claire et sans ambiguïté – soit ils sont avec nous, soit ils sont avec les talibans.

*Shafi : Cela fait trois ans que tu as quitté l'Afghanistan et que tu t'exprimes sur différentes plateformes internationales. Tu es intervenue en Europe et devant la communauté internationale ; quelle est, selon toi, leur position vis-à-vis des talibans ?*

Marzieh : J'ai l'impression que les gens en ont marre de l'Afghanistan. Il y a une normalisation progressive des relations avec les talibans, comme si on banalisait la situation. Nous ne pouvons pas l'accepter : par notre opposition, par les protestations des femmes en Afghanistan et par notre mobilisation en Europe et ailleurs, nous devons empêcher toute normalisation.

Lorsque je rencontre des Français, car j'habite en France désormais, ou que je vais au Parlement européen, comme l'année dernière, et même ailleurs, je vois des gens très attristés par la situation et qui souhaitent la disparition des talibans et appellent de leurs vœux la liberté des femmes afghanes. Mais rien n'adviendra sans une révolution du peuple afghan car, malheureusement, des personnes en Europe font du lobbying en faveur des talibans.

Pour une voix, comme la mienne, qui les critique, il y en a dix autres qui les soutiennent, ce qui crée de la confusion chez les Européens et les Américains ; les Afghans veulent-ils des talibans ou non ? Je pense qu'il faut commencer par nous poser nous-mêmes la question : est-ce qu'on veut être libres ou non ? Il faut essayer de trouver une solution parce qu'on ne veut pas vivre avec les talibans.

Mais d'abord, il faudrait qu'on sache comment organiser la contestation. Nous ne voulons pas cohabiter avec un groupe terroriste qui, depuis vingt ans, fait régner la terreur et tue nos familles et nos amis. Comment le pourrait-on ? Les Européens ne savent pas à quoi s'en tenir car ils ne savent pas si nous acceptons les talibans ou non, ils ne savent pas quoi faire, parce que nous n'avons pas encore une résistance forte, une opposition forte.

*Shafi : Quand tu dis « nous n'avons pas encore une résistance forte, une opposition forte », tu parles d'un manque d'unité de la population ? De gens qui préfèrent privilégier leurs propres intérêts d'abord ?*

Marzieh : Oui, à 100 %. Aujourd'hui, malheureusement, ce n'est pas un phénomène nouveau. L'Afghanistan est un pays où il y a beaucoup de racisme. Chacune des ethnies, les Hazaras, les Pachtouns, les Tadjiks, affirme qu'il n'y a qu'elle qui compte. Le peuple afghan est persécuté par les talibans ; les Tadjiks et les Hazaras subissent des déplacements obligatoires. Tout ça crée de la haine au sein du peuple afghan qui ne sera uni que lorsque les membres d'une ethnie oseront dire quelque chose quand ceux d'une autre ethnie sont persécutés.

*Shafi : As-tu un exemple précis en tête ?*

Marzieh : Je ne veux pas entrer dans les détails ou lancer une guerre inter-ethnies. Mais par exemple moi, j'ai été élevée en Iran et je suis tadjik. Je n'ai jamais vécu en Afghanistan, mais l'important, c'est qu'en cas de persécution, qui fait quoi et envers qui ? Si c'est un Tadjik qui persécute un Hazara, je dois faire entendre ma voix de contestation. Si c'est un Hazara qui persécute un Hazara, je dois aussi faire entendre ma voix, même si je suis moi-même Tadjik.

Mais les Pachtouns sont malheureusement nombreux à garder le silence contre les persécutions et les injustices, comme Div Pating[1] qui vit en Bretagne et a une vie très confortable – et tant mieux pour elle.

---

1. C'est une femme entrepreneure qui voyage [régulièrement] en Afghanistan sans être inquiétée et ses voyages sont très négativement commentés dans les médias.

Je me réjouis que notre compatriote ait une vie formidable mais je suis attristée à l'idée que pour favoriser une ethnie plutôt qu'une autre, il faille soutenir les talibans. Moi, ça me désole. Quand je suis arrivée, je ne comprenais pas cette préférence ethnique, untel est de telle ethnie, untel est d'une autre ethnie. Mais petit à petit, je me suis rendu compte que c'était un problème très sérieux et qu'il n'existait pas d'unité au sein du peuple afghan.

Sans unité, pas de résistance, et sans résistance, pas de succès contre les talibans.

Si une ethnie persécute une autre ethnie, nous devons faire entendre notre voix de contestation face aux leaders ou aux représentants qui font partie des oppresseurs – et ce, même si nous ne sommes pas de l'ethnie persécutée. L'Afghanistan est un petit pays, pourquoi n'arrive-t-on pas à y vivre en paix ?

En France, on me demande si je suis pachtoune ou tadjik. Ça veut dire que les Occidentaux comprennent combien les guerres ethniques en Afghanistan sont répandues et ça, ça m'embête beaucoup. En revanche, personne ne demande à un Iranien s'il est lôr ou kurde, il est iranien, c'est tout. Et il faut impérativement qu'on corrige ça.

La guerre dure depuis vingt ans. Il faut qu'on montre au reste du monde que nous sommes certes de différentes ethnies, mais que nous sommes unis pour lutter contre ce groupe terroriste tous ensemble.

Car les talibans ne représentent pas le peuple afghan, ils ne représentent pas les différentes ethnies d'Afghanistan. Et ils ne représentent pas non plus notre culture, qui est une magnifique culture du respect. Nous avons tellement des choses incroyables à montrer au monde.

Donc il faut qu'on continue de se battre non seulement pour nous-mêmes mais aussi pour l'ensemble du peuple afghan afin de montrer au reste du monde notre vraie culture et un autre visage de l'Afghanistan.

*Shafi : Depuis deux ans, je suis ton parcours d'athlète. Tu as fait beaucoup d'efforts pour pouvoir être aux Jeux olympiques 2024, à Paris, et pour être prise dans l'équipe olympique des réfugiés. Mais la liste des sportifs sélectionnés a été publiée et ton nom n'y était pas, et j'aimerais savoir pourquoi. Quels étaient les critères de sélection ? Tu étais pourtant prête, tu avais participé à un certain nombre de compétitions en ce sens. Pourquoi n'as-tu pas été sélectionnée ?*

Marzieh : Quand on est un réfugié politique, on sait ce que c'est de ne pas avoir de « protecteur », quelqu'un pour s'occuper de nous. Donc chaque décision peut être prise à notre place, et quand on fait partie de l'opposition, quand on hausse la voix, personne ne veut nous écouter. Dans mon cas, parce que je représente l'équipe olympique des réfugiés dans les compétitions internationales et olympiques, c'est un peu différent.

Je suis membre de l'équipe nationale de France, mais je représente l'équipe olympique des réfugiés. Malheureusement, en juillet de l'année dernière, je me suis blessée. J'ai eu une déchirure du tendon et pendant cinq mois, je n'ai pas pu participer à des compétitions. Je n'avais pas le droit d'utiliser mon pied – c'était une blessure très grave. Lorsque je suis revenue à l'entraînement au mois de février, je me suis de nouveau blessée, cette fois à l'épaule – je me la suis cassée –, et ça, c'était l'année des JO. Quelques mois avant, je m'étais aussi blessée. Donc j'ai eu plusieurs blessures coup sur coup sans qu'aucune ne soit complètement guérie. Mais j'ai beaucoup travaillé pour revenir, grâce à mon médecin et ma physiothérapeute. J'ai même fait deux compétitions où j'ai gagné une médaille d'argent. Mais au final, l'équipe olympique des réfugiés m'a appelée pour me dire que je n'étais pas sélectionnée parce que j'avais été blessée. Je leur ai dit que j'étais guérie, que j'avais fait des compétitions et que j'étais certaine de gagner, mais au bout du compte, c'était une décision politique.

*Shafi : Quand tu dis qu'il s'agit d'une décision politique, est-ce que tu peux nous expliquer ce que tu entends par là ?*

Marzieh : Je ne tiens pas réellement à entrer dans les détails pour le moment. Mais j'ai l'impression que quand on est très actif pour son pays, la politique a tendance à entrer en ligne de compte. J'ai ce sentiment-là.

Malheureusement, les gens ne s'en rendent pas compte. Ils se disent que si je n'ai pas été qualifiée pour les Jeux olympiques, c'est peut-être parce que je n'avais pas le niveau. Or, depuis que j'ai quitté l'Afghanistan, je me suis entraînée tous les jours, tous les matins. Je n'ai jamais lâché, malgré mes blessures.

Pour moi, ça a été extrêmement douloureux que ça se termine comme ça. Ça m'a rendue très triste. Mais les gens ne voient pas ce qui se passe en coulisses et ne comprennent pas que la vie d'une sportive de haut niveau est extrêmement difficile. Après tous ces efforts, on n'obtient qu'une petite victoire. Ça me fait de la peine, alors même que j'ai été très bien accueillie, mais au fond peut-être que ce n'était pas mon moment. Ça aurait été super, mais ce n'est pas grave. Je suis encore jeune. J'ai tout mon temps et je compte bien aller aux Jeux olympiques de Los Angeles.

*Shafi : Il y a une affaire qui a fait beaucoup de bruit. En tant qu'athlète toi-même, tu as dû en entendre parler. L'équipe d'Afghanistan de cricket a remporté beaucoup de succès ces dernières années, et son nom est inséparable de celui de l'Afghanistan et du peuple afghan. Tout le monde, en Afghanistan ou ailleurs, les connaît. Sauf qu'une affaire très sensible attire désormais l'attention et des réactions, c'est la rencontre des joueurs de cricket afghans avec les talibans.*

Marzieh : Je vais te montrer une vidéo dans laquelle Rachid Khan et ses coéquipiers rencontrent le réseau Haqani, que l'on sait être un réseau terroriste. C'est une vidéo qui a été vue beaucoup de fois, mais j'aimerais juste que les gens voient vraiment qui ils considèrent comme des champions.

Cette vidéo illustre de quel côté de l'histoire ils sont : ils ne sont pas du côté du peuple mais du côté de l'oppresseur. On doit ouvrir les yeux : qui est le véritable champion ? Celui qui apporte la fierté à son pays ? Mais à quel prix ? S'asseoir à la table des talibans qui ont tué nos proches et des millions d'autres pendant que, même si l'on met de côté les femmes, les Afghans sont en train de vendre leurs enfants à cause de l'extrême pauvreté dans laquelle ils se trouvent ? Eh bien non, ils ne peuvent pas faire ça. Mais ça ne m'étonne même pas, venant d'eux.

*Shafi : Pourquoi ont-ils fait ça ?*

Marzieh : Encore une fois, je ne tiens pas à entrer dans les détails, mais pour des personnes comme Rachid Khan, ce n'est pas très important ce qui est en train de passer pour les femmes afghanes. Il est allé à la Coupe du monde, mais est-ce qu'il a fait un geste pour les femmes de son pays ? Non ! Jamais. À la place, il est allé manger à la table des talibans et il a chanté avec eux. Pourtant, chanter et tout ce qui est en lien avec la musique est interdit par les talibans. C'est paradoxal, non ?

Moi, ça ne me surprend pas, mais les gens doivent être avertis : l'équipe d'Afghanistan de cricket n'a rien d'une fierté nationale. Elle ne représente ni le pays ni son peuple, et elle ne me représente certainement pas moi, une Afghane. Elle sert surtout d'étendard aux talibans, ces terroristes qui ont poussé des millions de nos compatriotes à l'exil. Comment peut-on être d'accord avec les talibans ?

*Shafi : Donc, pour toi, Rachid Khan n'est pas un champion ?*

Marzieh : Non. Je n'ai jamais apprécié le cricket. Je ne suis pas une de leurs fans.

*Shafi : Au-delà d'aimer ou pas le cricket, pour toi, ce qui est choquant, c'est la proximité de l'équipe avec les talibans ?*

Marzieh : Exactement, mais ce n'est pas la première fois qu'ils font ce genre de chose. Après chaque match, ils vont s'incliner devant les talibans et reçoivent des colliers de fleurs. Ils affichent clairement leur camp, celui des talibans. République, émirat, islamisme... Ils changent sans arrêt d'allégeance, mais vont toujours là où se trouve leur intérêt. Aujourd'hui, c'est du côté des talibans, car ils partagent leur idéologie.

*Shafi : Il ne faut pas qu'on oublie que certains d'entre eux ont peut-être de la famille qui vit en Afghanistan.*

Marzieh : C'est n'importe quoi, pardon ! Si tu n'es pas en sécurité, tu n'as qu'à quitter le pays. Si tu as de l'argent, tu as le pouvoir de le faire. Mais eux sont volontairement de mèche avec les talibans. Ils n'ont pas besoin de partir, puisque tout va bien dans le meilleur des mondes. Pourquoi est-ce qu'ils quitteraient le pays ? Je le répète, ils sont de mèche avec eux, ils se considèrent comme des membres d'une seule et même famille. Je ne sais pas comment être plus claire que ça.

*Shafi : Si tu pouvais adresser un message personnel à Rachid Khan, quel serait-il ?*

Marzieh : Il ne le mérite même pas. Il n'a jamais été une de mes idoles et ne le sera jamais. Il est le champion d'un groupe misogyne et terroriste. Mais ça ne va pas durer. Comme le dit le proverbe : « Une charge mal arrimée n'atteindra jamais sa destination. » Et un jour, dans dix, vingt ou trente ans, beaucoup de choses se seront passées et le pouvoir aura changé de mains.

Moi, je défends les droits des femmes et je me bats pour l'Afghanistan. Je suis fière d'être une femme et je suis fière de n'avoir rien en commun avec eux. Donc non, il ne mérite pas que je lui envoie un message. Qu'il reste le champion de lui-même ; pour moi, il n'est rien.

*Shafi : Depuis l'arrivée des talibans au pouvoir, il n'y a pas eu beaucoup de protestations de la part de la population masculine contre les talibans. À Kaboul même, tu l'as vu de tes propres yeux et tu y as toi-même participé au début, les femmes se sont dressées contre le régime et continuent encore aujourd'hui de se battre. Tu ne crois pas que l'avenir de l'Afghanistan repose entre les mains des femmes ? Que c'est à elles qu'il revient de changer l'histoire en se faisant la voix de l'opposition ?*

Marzieh : Je vais te raconter un de mes souvenirs. C'était un 4 mai, j'étais à Kaboul et je participais à une manifestation avec d'autres femmes. Lorsque les hommes passaient devant nous, ils se moquaient en disant : « Les talibans vont partir, mais bien sûr ! » Ils nous traitaient de malades mentales, de folles, ils nous insultaient, nous traitaient de putes. Voilà le genre d'hommes qu'on peut trouver à Kaboul. Quand des hommes disent qu'ils ne protestent pas contre le régime parce qu'ils ne veulent pas risquer de se faire tuer, je ne comprends pas. Et les femmes, elles ne risquent pas de se faire tuer, elles, peut-être ? Est-ce que le sang des hommes est plus précieux que celui des femmes ? C'est ridicule. C'est une question d'honneur.

Mais justement. Il faut qu'ils se battent pour l'honneur de leur sœur, de leur mère, de leur femme… de leur sœur qui n'a pas le droit de sortir de chez elle ni d'aller à l'école. Sauf qu'ils ne le font pas. Et s'ils ne le font pas, c'est parce qu'ils se moquent de savoir que les femmes ne peuvent pas poursuivre des études. Pourquoi ? Parce que, selon eux, le rôle d'une femme est de procréer et de rester à la maison pour leur faire à manger. Ils ne nous voient pas autrement, ils ne peuvent pas imaginer qu'on puisse travailler dans un bureau et devenir leur chef. C'est impensable, pour eux.

Conclusion, on ne peut pas attendre plus des hommes en Afghanistan. Maintenant, en ce qui concerne ceux qui ne sont pas en Afghanistan ? Quatre-vingt-dix-neuf pour cent d'entre eux ne font toujours rien. Pourquoi ? Pourquoi ne pas participer à des manifestations ? Pourquoi est-ce qu'on ne les entend pas plus ? Pour ceux qui vivent en Afghanistan, on a compris : ils n'ont pas le courage de s'opposer aux talibans. Mais les autres, pourquoi est-ce qu'ils ne réagissent pas ?

*Shafi : On entend beaucoup parler de cette notion d'honneur (la «* gheyrat[1] *»). Est-ce que tu ne penses pas que tout y est lié ?*

Marzieh : Ils disent que le « *namous*[2] » est important pour une femme. D'abord, ce n'est pas leur problème,

1. Le terme peut se traduire par un sentiment de responsabilité, de fierté et de protection qu'un homme ressent envers sa réputation, sa famille et ses valeurs morales. Il désigne la volonté d'un homme de protéger et de préserver la dignité de ses proches, en particulier des femmes de sa famille, contre toute menace ou insulte. Cette notion peut être perçue de manière positive ou négative selon le contexte. De manière positive, elle peut se manifester par du soutien et de l'affection, mais lorsqu'elle devient excessive ou irrationnelle, elle peut conduire à un comportement surprotecteur et possessif.

2. En persan, le terme « ناموس » (*namous*) désigne l'honneur, la dignité et l'intimité familiale, souvent associés aux femmes de la famille, comme la mère, l'épouse, la sœur et la fille.

nous sommes des femmes, c'est tout. Ensuite, ils prétendent être des hommes forts, pour qui l'honneur est une valeur importante, mais qu'ont-ils fait quand les talibans sont arrivés ? Ils leur ont obéi sans rien dire. Pourquoi ? Peut-être qu'ils ne pouvaient pas prendre les armes, j'entends, mais ils n'ont même pas été capables de venir manifester avec nous, même pas cinq minutes pour crier quelques slogans. Et c'est ça qu'on appelle l'honneur ?

*Shafi : Qu'est-ce qu'ils pouvaient faire alors que même le président Ashraf Ghani a pris la fuite ?*

Marzieh : Oui, le président a fui. C'est un homme politique, il n'a pensé qu'à ses propres intérêts. Mais nous ne sommes pas lui. Nous ne sommes pas lâches ni égoïstes comme lui. Ashraf Ghani a fait le choix de tourner le dos aux femmes afghanes. Par sa faute, leur vie est chaque jour menacée.

Des millions de filles ne savent ni lire ni écrire et s'il y a quelques garçons qui vont à l'école, ce sont dans des écoles qui forment les terroristes de demain, les écoles des talibans. Tout ça, c'est à cause de lui. La nouvelle génération afghane, une fois diplômée de ces écoles qui suivent des programmes créés

---

Ce concept reflète un sens de responsabilité et de protection de l'honneur et de la réputation des proches. Dans de nombreuses cultures, le *namous* est considéré comme un symbole de l'honneur familial et social, et le préserver est d'une importance capitale.

par les talibans, sera une génération de terroristes. Que va devenir le pays ?

Un autre exemple : quand moi, je poste une photo ou une vidéo de moi sur les réseaux sociaux, on me reproche de manquer d'honneur ou de faire honte à ma famille. Pourtant, ma façon de m'habiller ne menace personne. Non, ce sont eux qui devraient avoir honte de garder le silence face aux atrocités commises par les talibans.

*Shafi : En parlant de ça, quand des femmes afghanes postent des photos et des vidéos sur les réseaux sociaux, beaucoup d'entre elles disent subir du harcèlement et recevoir de certains hommes des messages grossiers et irrespectueux. Est-ce que ça t'est déjà arrivé ?*

Marzieh : Je reçois ce genre de messages tous les jours. Quand je regarde mon Instagram, je vois les messages qu'ils m'envoient, les commentaires qu'ils laissent sous mes publications… et si seulement ça s'arrêtait là ! Mais je reçois aussi des photos et des vidéos. Ces hommes viennent sur mon compte pour se défouler, au point que ça en est devenu n'importe quoi. Même quand je parle d'une chose insignifiante, je me prends des remarques sexistes ou alors ils m'accusent de donner une mauvaise réputation à l'Afghanistan. Mais parfois, ils vont bien plus loin. Leurs mots sont plus violents. Ils s'amusent à faire des montages de mes photos et parfois même ils envoient des vidéos d'eux-mêmes en train de pratiquer un acte sexuel avec eux-mêmes.

*Shafi : Tu veux dire qu'ils se masturbent ?*

Marzieh : Oui, c'est ça. Le terme ne me revenait pas. Ils se masturbent avec mes photos et ensuite ils m'envoient des vidéos d'eux se filmant en train de le faire. C'est ça l'honneur, pour eux ? Mais au fond, je m'en fiche. Les photos et les vidéos que je poste ne sont même pas sexy, ce sont juste des selfies. En général, je porte un T-shirt, ou alors je suis à l'entraînement. Mais eux, ça ne les empêche pas de m'envoyer des messages incroyablement sexistes.

*Shafi : Est-ce que tu as reçu des messages de menaces de la part des talibans ?*

Marzieh : Oui. Il y a un an, l'un d'entre eux m'a envoyé une vidéo, je l'ai sur mon téléphone, je pourrais la retrouver. Ils m'écrivent tout et n'importe quoi, mais pour moi, ce n'est pas important, je fais comme s'ils n'existaient pas.

*Shafi : Est-ce que tu penses, vu les menaces que toi et d'autres femmes recevez et vu ce qui se passe en Afghanistan, que les talibans vont aller jusqu'à faire taire ta voix et celle des Afghanes ?*

Marzieh : Ils ne pourront jamais. Il y a déjà des talibans en Europe qui participent à mes *live* sur TikTok. Un jour, j'ai posté une vidéo sur ma chaîne YouTube et j'ai été attaquée à cause de la façon dont je m'habille, de mon physique, de mes propos. Ce sont les mêmes qui m'ont attaquée qui disent qu'il y a des « bons » talibans en Europe. Sur le moment, je n'ai pas compris. Mais maintenant, je sais pourquoi plus personne ne veut entendre parler de nous, et c'est à cause de ces gens-là. C'est parce que nous-mêmes, nous ne savons pas qui nous sommes et ce que nous voulons. Et en même temps, ce genre de réactions, ça crée une sorte de sentiment d'insécurité. Car il y a des gens qui sont prêts à tout pour défendre leurs idées. Seulement, ils ne peuvent pas me faire taire. À chaque fois que je reçois un message de ce genre, ça me donne encore plus envie de donner de la voix. Pour qu'ils comprennent que ce qu'ils font n'a aucune importance, ni aucun impact, aucun effet sur moi, et que peu importe ce qu'ils font, ça ne fait que me motiver encore plus pour les combattre.

*Shafi : J'aimerais te poser encore une question. Lorsque les talibans sont arrivés à Kaboul, Ahmad Massoud est allé au Panchir et il a créé le Front national de résistance contre les talibans. Pour certains aujourd'hui, il constitue un espoir de libération. Est-ce que tu partages cet avis ?*

Marzieh : Je ne suis pas tout à fait d'accord, non. À l'époque, le père d'Ahmad Massoud, le commandant Massoud, a fait la guerre contre l'émirat islamique d'Afghanistan et ce, avec succès, mais surtout avec l'aide d'autres pays. Aujourd'hui, c'est différent. Pour ma part, je ne suis pas pour mettre en avant tel ou tel leader. À mon sens, il n'y a qu'ensemble qu'on pourra vaincre les talibans. Et pour ça, il faut que les femmes soient les égales des hommes.

*Shafi : Il y a des femmes qui sont membres du Front national de résistance.*

Marzieh : Mais est-ce qu'elles sont autorisées à combattre ?

*Shafi : Il faudra le demander à Ahmad Massoud. En tout cas, elles font partie de la résistance.*

Marzieh : Pour moi, ils n'y arriveront pas seuls. Il leur faut de l'aide, que ce soient des armes, des ressources… Et ça, ça dépendra de la générosité d'autres pays.

*Shafi : Donc, d'après toi, on ne peut pas compter sur Ahmad Massoud pour libérer l'Afghanistan ?*

Marzieh : Non. Moi, je place tous mes espoirs dans les femmes afghanes parce qu'elles se battent différemment. J'ai vu de mes propres yeux dans les rues de Kaboul à quel point elles étaient capables de crier fort. Si on les laissait faire, elles pourraient conquérir le monde. Ce que j'aimerais, c'est qu'on ait une femme au pouvoir et que les femmes – et non les hommes – mènent la révolution.

*Shafi : J'espère sincèrement qu'un jour l'Afghanistan sera un pays libre et que les femmes comme toi et d'autres pourront accéder au pouvoir. Je te remercie.*

Marzieh : Merci à toi.

## Remerciements

Nous terminons la rédaction de ces pages avec une immense gratitude et beaucoup d'émotion.

En premier lieu, je souhaite remercier l'exceptionnelle Marzieh Hamidi, pour sa confiance absolue, sa franchise et son humour qui ont guidé chaque ligne de ce récit autobiographique. Sa colère est lucide, son courage est inusable, l'écriture n'a fait que suivre ses pas.

Il me paraît essentiel d'honorer ensuite l'inestimable Inès Davau, qui mène cette lutte à nos côtés depuis le début et grâce à qui j'ai rencontré Marzieh. J'admire sa force et son abnégation.

Je remercie Patrick Rosso, la Fédération française de taekwondo, toutes les équipes de l'INSEP, notamment Julien. Les entraîneurs et coachs de Marzieh, Hans Zohin et Pedro Barrosso. Les amis de Marzieh, Axel, Zuhair. Sa famille qui ne l'a jamais quittée : ses parents, son frère, ses sœurs, ses nièces. Fati sa confidente, Manizah pour sa force et son courage. Et toutes les équipes de sa protection policière, qui veillent sur elle en permanence pour lui permettre de vivre en sécurité malgré les menaces quotidiennes.

Un merci particulier à Véronique Philipponnat et Ava Djamshidi du magazine *ELLE*, qui ont fait un travail prodigieux et ont sauvé Marzieh d'un quotidien terrible et sans espoir.

De nombreuses personnalités politiques et publiques nous ont aidé ou nous ont témoigné de leur soutien durant ce combat : Yaël Braun-Pivet, Amélie Oudéa-Castéra, Valérie Pécresse, Anne Hidalgo, Sophia Aram, Anne Sinclair, Laurence Rossignol, Amine El Khatmi, Patrick Karam, Aurore Bergé, Gérald Darmanin, Pierre-Yves Bournazel, Pierre Rabadan, Marie-Laure Buisson ; leurs noms marquent ici leur loyauté et leur amitié.

Notre reconnaissance va également aux journalistes qui l'ont écoutée avec beaucoup de bienveillance : Nora Bussigny, Cécile Grès, Arnaud Bonin, Hugo Wintrebert, Marion Ruggieri, Anne-Emmanuelle Isaac, Mathias Fiedler et tant d'autres.

Quelques mots d'affection pour Angela Naser, Ayumi Moore Aoki et l'équipe de Women in Tech ; Nannette Lafond-Dufour, Leïla Grison et le formidable Matthieu de la Souchère du Women's Forum ; Düzen Tekkal, ses sœurs et toute l'équipe des German Dream ; les passionnés de l'Unesco ; les services du ministère de l'Intérieur et du ministère des Affaires étrangères ; les Éditions Robert Laffont et le génialissime Gabriel Zafrani ; Saint Ambroise, dont l'objectif a capté l'étincelle de son regard.

Enfin, j'adresse des remerciements et un clin d'œil à mes parents, à mes proches, à Mickaël mon compagnon, et à la famille d'Inès, qui ont découvert l'engagement de Marzieh et qui nous ont soutenus au quotidien pour nous permettre de mener plus facilement cette lutte.

Un salut encore à Caitlin Forrest, Chela Noori, Hamida Aman, aux voix de Radio Begum, à Nathalie Pilhes, et à celles et ceux qu'il serait périlleux de nommer : chaque geste, même furtif, a compté.

Certaines figures ont nourri l'inspiration de Marzieh dans la bataille pour la liberté et la libération des femmes ; Amal Clooney, Meryl Streep, Angelina Jolie, Gisèle Pélicot, Gisèle Halimi et tant d'autres.

Ce livre n'est pas seulement un récit, il est la déposition d'une combattante contre l'apartheid de genre. Nul ne peut mener une telle bataille seul ; autour de Marzieh, des mains se sont tendues, des portes se sont ouvertes, une chaîne obstinée et combative s'est formée. Puisse-t-elle ne jamais céder face à la puissance des extrémistes, d'où qu'ils viennent. Si vous avez lu ces pages, vous faites pleinement partie de ce soulèvement, de ce combat, que nous devons donc mener ensemble, sans jamais baisser les bras.

Ne nous taisons pas, pour Marzieh, pour sa famille, pour les femmes afghanes, pour les femmes iraniennes, pour les femmes syriennes, pour toutes les femmes dans le monde qui subissent la haine des oppresseurs, des islamistes et des tortionnaires.

Nous sommes debout, nous sommes ensemble et nous ne lâcherons rien.

Baptiste Bérard-Proust

Imprimé en France par
CPI Firmin-Didot
en septembre 2025

*« Je songeais à mes sœurs, à ces femmes afghanes que tout le monde a oubliées, plongées dans le silence, enfermées, auxquelles il est interdit de faire des études, de la musique, du sport, de vivre tout simplement. À ces femmes qui n'ont plus rien. Qui ont besoin de savoir qu'on se bat pour elles. Alors, tant que j'aurai de la force, tant que je pourrai tenir, je continuerai. »*

C'est avec ces mots que nous achevons d'imprimer cet ouvrage, mais celui-ci n'est que le début du combat de Marzieh pour la liberté et la dignité des femmes.

pca cmb
édition pré-presse
livres numériques
44400 Rezé

Imprimé en France sur du papier issu de forêts gérées durablement

N° d'édition : 68761/01 – N° d'impression : 185391